跟我们做项目管理

500强项目经理实操案例

黄娜　李广涛　彭秋瑜　等／著

中华工商联合出版社

图书在版编目（CIP）数据

跟我们做项目管理：500强项目经理实操案例 / 黄娜等著. -- 北京：中华工商联合出版社，2023.11
ISBN 978-7-5158-3784-0

Ⅰ．①跟… Ⅱ．①黄… Ⅲ．①项目管理－案例 Ⅳ．①F224.5

中国版本图书馆CIP数据核字（2023）第191086号

跟我们做项目管理

作　　者：	黄　娜　李广涛　彭秋瑜　李司璐　王　亚　卢　斌　赵　健　唐益群
出 品 人：	刘　刚
责任编辑：	于建廷　王　欢
装帧设计：	周　源
责任审读：	傅德华
责任印制：	陈德松
出版发行：	中华工商联合出版社有限责任公司
印　　刷：	三河市宏盛印务有限公司
版　　次：	2024年1月第1版
印　　次：	2024年1月第1次印刷
开　　本：	710mm×1000 mm　1/16
字　　数：	250千字
印　　张：	16.25
书　　号：	ISBN 978-7-5158-3784-0
定　　价：	78.00元

服务热线：010-58301130-0（前台）
销售热线：010-58301132（发行部）
　　　　　010-58302977（网络部）
　　　　　010-58302837（馆配部、新媒体部）
　　　　　010-58302813（团购部）
地址邮编：北京市西城区西环广场A座
　　　　　19-20层，100044
http://www.chgslcbs.cn
投稿热线：010-58302907（总编室）
投稿邮箱：1621239583@qq.com

工商联版图书
版权所有　盗版必究

凡本社图书出现印装质量问题，
请与印务部联系。
联系电话：010-58302915

导读

这是一本什么样的书

现实中,很少有企业可以说自己的项目管理协作得非常好,一些项目经理在项目管理过程中站位层次不高,分析、判断和处置情况的能力有限,从而导致项目协作的链接往往只有靠更大的领导,甚至有时需要靠董事长、总经理来解决才能摆平。出现这种现象的主要原因是,项目经理理论基础欠缺和实践能力不足。那么,如何才能成为一名优秀的项目经理,怎样才能快速提升项目管理能力呢?本书对这些内容做了全面阐述。

本书用50个具体实战案例,采取理论与实例相结合的方式汇集提炼出了一套"项目经理"开展工作的方法逻辑,里面既有成功的经验介绍,也有"踩坑"的教训警示。本书的内容,往大了说就是帮助大家掌握企业在运行过程中项目管理的处理方法与技巧;往小了说就是引导大家如何做一个"可以说了算"的项目操盘手,具有比较强的指导性和实操性。

具体来说,表现为四大核心能力:领导力、"见招拆招"执行力、辨别力、分析与总结力。领导力是为项目导航的核心能力,如项目范围规划、项目团队搭建、关键问题快速决策等;"见招拆招"执行力是面对项目中各类特殊情况,拒绝"一招鲜",快速解决影响项目目标实现的各项问题的核心能力;辨别力包括团队能力人才辨别及项目风险辨别能力,是保证项目进度和计划发展的核心能力;分析与总结力是指面对项目关键卡点,熟悉运用各类分析工具梳理关键影响因素，且快速复盘，梳理流程及标准并推广，保证一个坑绝不踩两次的核心能力。全书结构也是围绕这四大能力模块展开的。

市面上与项目管理相关的书，内容多针对PMP理论知识模式而写，多为基础技能的描述与罗列。无论是高度还是深度，都与本书有很大的差异。另外，本书除了生动的案例介绍和精练的理论解读，还从一些专业的角度去引导读者如何成为优秀的项目经理，介绍了一系列项目管理工具，如PMI人才三角理论、采购的六板斧、项目生命周期模型、MOSCOW原则、需求跟踪矩阵、项目进度网络图、风险登记册等；同时介绍了各类有效实战管理措施，如制定有效绩效目标、项目范围取舍艺术、广开言路、学会借力、策略性妥协和让步、搭建项目知识库等。

谁会从本书中获益

本书的第一受益人是"项目经理"们，他们能更清楚地了解自己不仅仅只做资源的协调者，而是可以更多地主动策划和执行及影响发起人。第二受益人也许是PMO们，他们能更清楚地了解如何跟项目经理之间有效协作，如何给项目经理赋能及布置任务。第三受益人也许是项目经理的领导们，他们能更清楚地了解项目经理可能遇到的"坑"及面对的困难，从而在更合适的时间科学有效地干预及"救场"，从而保证项目的顺利实施。本书的50个案例是一般企业都会遇到的典型案例，因此，不管你是正在担任项目经理，还是你即将奔赴项目经理的岗位，或者是从事项目管理相关方面的工作，都是非常实用的。

自序

实践过的方法才有效

项目管理与业务发展息息相关。项目管理必须基于业务的发展,可以有效地支撑业务的发展与增长,业务的发展是基于多个项目来达成的,也就是项目的最终目标就是实现业务的增长。本书强调项目管理中,项目规划、团队搭建、过程管控等环节需要时刻聚焦业务目标,居安思危的同时主动求变,在求变中为了保证业绩又要适时取舍。

项目管理就是要学会见招拆招。在本书中,我们提出:项目实施过程中,目标实现是关键。为了有备无患,需要未雨绸缪;为了众乐乐,需要分甘同味;为了项目持续富有能量,需要关注项目的阶段性交付;为了紧抓资源,需要找准领头羊;为了对结果负责,需要学会对一把手勇敢地说"不"……项目的"特殊"千奇百怪,目标达成之路总是波折的,如何见招拆招始终是关键。

后墙不能倒。项目管理的后墙,可以理解为,一方面是指项目资源的支持方;另一方面指项目智慧的累积。项目管理中,不仅仅需要冲锋在一线的项目组成员,未站在台前的角色也不容忽略。作为项目的强大后墙,PMO、项目总监如何真正做到"身在其位必谋其职"是一门有趣的学问，需要细细思考。每一个项目的经验都是宝石，会打造项目管理经验的"超级百宝袋"的企业，必定是项目管理的好手。

万难不敌"用心"。创作本书是我们几位老朋友共同经历的第一个"项目"中，在兼顾各自奋斗的事业的同时，一次次分享，一次次推翻，一次次重讨论，终是找到项目管理的共同点，并且在规划完毕后极短的时间内快速完成项目目标，完成了此书。最后复盘中，我们发现，项目再多的困难终究是抵不过"用心"二字，项目管理其实只要用心就可以做到。

这本书以理论和实战案例相结合的形式对项目管理进行了深入的研究阐述，非常契合中国企业发展的实际情况。在项目实施过程中遇到的问题，普遍都能在此找到答案。无论你是老板还是企业管理者，或者是从事与企业发展相关行业或岗位的朋友，本书一定是您值得阅读与深究的宝贵书籍之一。

黄　娜

2022年11月15日于广州

推荐序

2020年，我和本书的几位作者相遇相识于羊城。他们都是业界的翘楚，无论是项目管理还是企业管理，实战经验丰富，来自不同类型的企业和行业，有上市公司、外资企业、知名顾问公司等，了解各种企业文化；作为不同职能部门的高管，对企业管理及市场战略有很强的洞察力。通过本书，读者不仅可以学习掌握项目管理的精髓，对项目管理背后人们的各种行为，以及文化都会有更深的领悟，通过阅读此书，能进一步提高项目成功的概率，让自己的职业生涯更上一层楼。

本书从企业战略管理的高度进行全面项目管理全流程的介绍，介绍了项目管理的各种工具、方法、技能，同时作者深谙项目给企业带来的变化，对如何开展变化管理和文化建设，也给广大读者予以点拨。好与优秀之间差距很小，很多技能和能力的突破就在一线之间，本书在优秀项目经理的成长道路上扮演点石成金的角色。

项目管理可深可浅，初初接触以为项目管理很容易，随着不断地学习和实践，尤其是更高层次的学习后，再回过头看当时掌握的可能是局部，如果再做一次相同的项目，可能会做得不同。正所谓实践出真知，本书通过几位作者在项目管理领域的造诣，给读者梳理项目管理流程和精华，大大缩短了读者学习曲线的时间，减少项目管理中的各种弯路。

项目管理是科学也是艺术。一方面项目管理属于管理，包括管理的基本特性，例如规划、沟通、领导、执行和指挥等，从这个意义上讲，项目管理本身就是一门艺术，不存在统一的模式，成功很大程度上取决于项目经理的成熟度和软技能，例如领导力、影响力、激励能力、冲突解决能力等，很多时候优秀的项目经理管理项目时四两拨千斤，无招胜有招，却又能恰到好处；另一方面项目管理也是科学，即所有的元素都可以量化，无论是成本、进度、范围、质量或风险等，通过对量化的数据采取科学的工具和分析方法，从而作出最好的判断。如何把艺术和科学结合起来，这本书介绍了项目经理的软技能和硬技能，以及项目管理的各种工具和方法，通过本书的学习，把项目管理的科学性和艺术性结合和平衡起来。

项目经理需要很多能力，尤其要深刻理解项目经理的角色，很多人认为项目经理就是项目的最终决策人，并对项目负有最终的责任，感觉做项目经理很孤独，需要很努力地工作，但最终的结果并不一定令各方满意。实际上大错特错，本书会纠正大家对项目经理定位的误解。项目经理并不是项目的最终拍板人或最终责任人，项目经理是一个facilitator（促进者）的角色，他有义务提供项目的各种信息，包括计划信息、执行信息、偏差信息，给项目管理委员会，来促成委员会作出正确的决策。项目不仅是项目经理的项目，更是公司各部门的项目，尤其对一些重要的战略项目，所有的决策都需要公司的项目委员会来决策。项目经理的作用是使用各种项目管理技能来管理项目的众多利益相关者，平衡各种项目约束，并促成最终正确项目决策的达成。本书分享了如何履行好一名优秀的项目经理的各种职能，以及与管理层就项目决策如何开展准备、沟通、影响、决策、执行、汇报等。

学无止境，尤其是职业学习，唯有学习才是提高自己的正确途径。学习分为直接和间接学习。从自己的失败或教训中学习那是直接学习，代价是巨大的；从别人的经验和最佳实践中学习是间接学习。我相信聪明的读者能从本书中迅速了解掌握项目管理的各种技能，在以后的职业生涯和工作中熟练使用。待读者熟练使用这些项目管理技能后，有一天会领悟到项目管理对工作、生活等方面的妙处。

学习就在当下，知识值得分享。

陆淑杰

广州现代卓越管理技术交流中心有限公司　总经理

目录

引文

从探路、跳坑、填坑、爬坑中蜕变 // 003

一 项目启动

1 需求决定项目启动 // 013
2 如何将战略分解细化 // 018
3 敲定项目章程 // 022
4 搭建项目治理架构 // 024
5 选准项目"领头羊" // 027
6 配强项目团队 // 034
7 掌舵引航的领导力 // 038
8 周密规划,顺势而为 // 042

二　项目需求、范围和变更管理

1　清晰定义项目范围 // 049
2　取舍项目需求 // 053
3　全程跟踪，件件反馈 // 057
4　识别能力圈边界 // 061
5　项目拆解与分配 // 065
6　范围要可控，但不可死控 // 069
7　有效应对项目变更 // 072
8　变更关联多，重在"铁三角" // 076
9　打造高效率决策团队 // 079
10　变更决策要严肃 // 083

三　项目进度和资源管理

1　做好周密规划 // 089
2　如何做进度计划 // 091
3　细化需求，应对风险 // 095
4　项目进度控制 // 099
5　如何向高层要资源 // 104
6　准备多个解决方案 // 108
7　与职能经理和平共处 // 111
8　敢于和老板说"不" // 115
9　精打细算，量入为出 // 119

四　精品项目管理法则

1　把握项目质量管理标准 // 125
2　质量管理贵在细微 // 129
3　采购管理"六板斧" // 132

    4　项目风险无处不在 // 136
    5　做好风险管理 // 140
    6　在交付管理上为项目续动能 // 143
    7　集思广益让项目验收更可靠 // 145
    8　设立科学的绩效目标 // 149
    9　量化指标，让数据说话 // 154

五　PMO在项目管理中的职能作用

    1　如何最大化发挥PMO绩效和价值 // 161
    2　PMO的工作职责该如何界定 // 166
    3　PM和PMO怎样合作 // 172
    4　项目资源冲突或不足怎么解决 // 176
    5　构建项目知识库 // 178

六　保持项目队伍活力的黄金法则

    1　项目经理切忌"一言堂" // 187
    2　信任先行，多维管理 // 190
    3　要做全能冠军 // 194
    4　如何快速转变角色 // 198
    5　求同存异，学会借力 // 202
    6　项目经理面对投诉该怎么办 // 209
    7　如何化解矛盾冲突 // 212
    8　如何向上反馈 // 215
    9　相关方管理的艺术 // 217

附录　项目管理常用模板

    01－项目章程 // 223
    02－项目计划 // 225

03- 项目变更管理计划 // 228
04- 项目沟通计划 // 234
05- 项目责任分配矩阵 // 235
06- 项目需求跟踪矩阵 // 237
07- 项目风险登记册 // 237
08- 项目问题单 // 240
09- 项目控制检查列表 // 241
10- 项目进度报告 // 242
11- 项目会议纪要 // 243
12- 项目总结报告 // 244

引 文 ▶▷

从探路、跳坑、填坑、爬坑中蜕变

不管项目经理是从技术中来还是业务中来，或者是从业第一天就是项目经理的角色，都曾经是新人。不管哪个行业从菜鸟到大神，都需要知识的扩充、经验的积累、能力的提升，项目经理也不例外，而且打怪晋级之路异常艰辛，甚至会有惨痛的失败经验教训。但我们的角色是带领项目团队实现项目目标的人，这要求我们要有一颗持续学习的心，并且把处理人和事的章法事理纯熟于心，才能做到应用自如。

【案例】

8A公司为应对外部快速变化的市场环境，确定了未来数字化转型的战略方向，经公司高层决策，启动了数字化转型咨询的项目，并把该项目确定为今年需要完成的重大项目。希望通过该项目，全面分析公司系统割裂和数据分散等问题，识别业务协同的痛点，规划落地场景，作为未来3年重点推进的方向。项目涉及多个内部部门和外部合作商，需要全面分析公司的业务和流程，较为复杂。因此，作为一个大项目集管理，项目集下包含多个子项目：人力资源模块、财务模块、采购模块、销售模块等。秋蕾在采购部多年，有丰富的业务经验，她看到很多同事都考取了PMP证书，也跟风参加了培训班学习并成功获得了PMP认证。通过理论的学习，她了解到项目管理这一套很系统全面的方法论，更希望自己未来的职业发展往这个方向深耕，于是她也申请了公司内部项目经理职位的应聘。公司PMO米亚面试了秋蕾，刚好公司也有采购模块子项目的项目经理需求，规模比较小，也有项目集经理罗宾带领着。基于秋蕾各方面综合能力基本符合项目经理的要求，同时公司内部也有需求，正好契合公司内部人才培养需求，米亚通过了秋蕾的面试，让秋蕾成了一名新手项目经理。

8月项目正式启动，采购模块数字化转型将上线一个新的采购系统，整合目前各环节采购子系统和各种手工表单，项目时间非常紧迫，需要在6周的时间内收集各部分的需求并敲定。秋蕾开始组织需求收集会议，她发会议邀请的时候认真地交代了会议的目的、会议议程及期望的产出，各方需要提前准备的资料也都一一列明等。按照教科书上学到的，会议前她跟与会重要代表们联系过，确认都能参加会议。终于到了第一次需求收集讨论会议的时间，这次会议需要了解目前从预算到费用开支（采购、财务入账）及最后管理层报表这一流程是如何进行的、有无什么特殊的需求等。

讨论会上财务代表彭杰妮只是匆匆到会了15分钟便交代有其他紧急事情离开了，她可是在项目启动会上说得很响亮、很支持项目的人！会议讨论到采购流程，其中有个点涉及内部审计及合同管理规范要求，可是这次会议我们没有邀请合规部代表参与会议，这个点也只能后续跟进。当谈到报表这部分的时候，由于涉及多个报表，因为只有负责报表的财务经理宝丽参加，并没有相应的业务代表，很多地方宝丽都没办法直接给出相关信息。原来相关业务代表都在忙着准备今年的预算方案，实在没办法抽时间参加这个需求收集会。这时候来自IT代表的程辉见势不妙说道："这里我也要说明一下，如果需求没有办法按照项目计划的时间收集好并确定下来，在最终方案敲定前，我们IT部分的开发测试时间是无法确定的，我们没办法保证按照你们安排的时间完成IT解决方案搭建。"秋蕾有点招架不住，很担心接下来的需求收集，她感到压力大。她心想，怎么大家跟他们在项目启动会上表态全力支持项目的态度有了这么大的转变。其实，对于项目相关方秋蕾也按照PMP上的方法论做了识别和分析,而且分析下来都应该是支持项目的,她也因此没有对项目关键相关方安排面谈和进一步地沟通了解对方对项目的态度,对需求和其他方面的顾虑等。

【案例分析】

案例中的秋蕾,一个新手项目管理,没有太多的项目管理经验,可能也没有具备足够的沟通协调和解决问题能力,做起项目来可能就是处处踩坑、跳坑的节奏,有时候是自己挖坑自己跳。案例中,我们会遇到"表里不一"的相关方,或者是"见风使舵"的相关方。所以,我们开始项目的时候对于相关方的识别,以及关键相关方的分析非常重要。其实,没有一个人第一次当项目经理就能够具备各方面所需的能力并且应对自如,特别是人前人后复杂的"相关方"。甚至就算做了10年的项目经理也不敢拍胸口说自己可以保证项目成功。可以说,每一个项目经理都是由能力不足的菜鸟摸爬滚打,从跳坑、填坑、爬坑中慢慢成长起来的,都有惨痛教训。

遇到秋蕾这样的情况,做好项目相关方的识别,分析和做好应对策略很关键,特别是从多维度收集信息,不单单凭借相关方的人前表现,最好是了解其背后的利益关系,从而分析对项目的支持度。同时,在项目初确定好项目的角色、职责分工,并且得到各方的认可和承诺。很多时候人的关系处理好了,事情就好办了。项目经理要做到战略上乐观,你没办法解决的问题,总有人能帮忙协调解决。例如,你的项目发起人,他是有责任帮助项目经理清除路障的。项目过程中还可能遇到技术解决不了的问题,通过流程的优化可以解决等。这里非常鼓励新手项目经理向他人寻求帮助和指导。

那么,新手项目经理要晋级大师级别要注意哪些方面的积累和提升呢?

事在人为,关注人在前,做事在后

"项目经理的成功取决于项目目标的实现。相关方的满意程度是衡量项目经理成功的另一个标准。"简而言之，就是管事和管人。我们看到很多初入行的项目经理一上来就催促各种项目任务，把项目计划进度盯得死死的，然而事与愿违，项目工作怎么推也推不动。其实，关键在于没有厘清和处理好人的关系。相关方的识别，分析和相关方期望的管理都是贯穿项目的始终的。早期识别重要的相关方，了解他们对项目的态度和期望，制定策略干预是推进项目扫清障碍的关键，项目中也要关注相关方的态度转变，或者有其他更重要的事情让他们改变态度。

这里建议项目经理在项目初期阶段，尽可能安排与每一位项目关键相关方进行一对一面谈，从一开始建立合作关系，了解对方对项目的理解和期望，对于日后项目工作的开展非常有帮助。对于关键相关方，可以设立定期沟通会，以便关注他们项目过程的参与度和支持度。其实，对于弱矩阵的组织模式，很多参与项目的相关方更关注直接上司对他的认可，而不是项目本身的成果。我们需要以"双赢"的方式去管理相关方的期望，使得我们目标一致，各取所需。

对于项目团队也是同样的道理。通常情况项目经理不是团队成员的直接上司，他们可能同时参与负责多个项目，这种弱矩阵组织模式团队成员很多时候没有归属感，项目经理更多是管理参与度，以及强化引导共同目标，从而使得团队协作，向共同目标前进。

这里建议项目经理在初期定义好项目团队的权责矩阵RACI。权责矩阵的具体内容，项目经理可以先提供模板并列出项目高层次权责，然后让项目团队补充具体内容，经过共同讨论敲定内容并得到团队成员的认可。赋能团队成员对自己工作负责，这样团队成员才会更主动和更好地配合项目经理完成项目目标（RACI权责矩阵可以参考后续章节详细了解）。

无招胜有招，不变应万变（项目管理方法论的应用精髓在于"裁剪"）

项目管理其实都是有招有法的，如果系统学习过PMP，你会了解到项目管理有十大知识领域的内容，而且这些内容贯穿于项目的五大过程组（如图0-1所示），这些几乎涵盖了项目的方方面面。这里推荐系统学习PMP项目管理方法论，这些都是经过前人千千万万个项目总结整理出来的最佳实践。特别是新项目经理，可以在做项目前、过程中反复查阅相关的理论知识，并且尝试理论应用于实际，事后总结提升处理事情和解决问题更好的应对方法。

项目管理方法论应用的精髓在于"剪裁"。这套方法论需要根据项目实际进行裁剪来灵活应用。如果这些理论能烂熟于心，那么开始一个新的项目时或者遇到问题的时候，项目经理就可以游刃有余、灵活应用，这就是无招胜有招的境界了。在PMI近期推出的新版人才三角中，我们发现"工作方式"替代了原有的"项目管理技能"，以鼓励专业人士在面对项目的各种挑战时采取灵活正确的解决方案，而并非对这套理论的生搬硬套。

其实，我们身边很多人都学习过PMP并拿到了认证，但并不代表他们会做项目。简单地说，就是很多人都停留在理论认知层面。项目管理是一门实践学科，很多时候需要在理论基础上进行实践应用才能真正发现关键点所在，经验积累和软技能更是需要在实战中提升。

每日复盘，从PDCA中走上项目经理的晋级之路

养成每日复盘的习惯是非常有效的自我学习提升的闭环方法：发现问题，反思问题，总结经验教训，查漏补缺，主动学习，改善处理事情解决问题的方法，这也是著名的质量管理戴明环PDCA（如图0-2所示）在我们学习提升中的应用。所谓PDCA，即是计划（Plan）、执行（Do）、检查（Check）、纠正（Action）的首字母组合。无论哪一项工作都离不开PDCA的循环，每一项工作都需要经过计划、执行计划、检查计划、对计划进行调整并不断改善四个阶段。

我们都希望项目能够成功，但由于各种原因并不是每个项目都能成功的，失败项目的PDCA，计划（Plan）、延误（Delay）、取消（Cancel）、遗弃

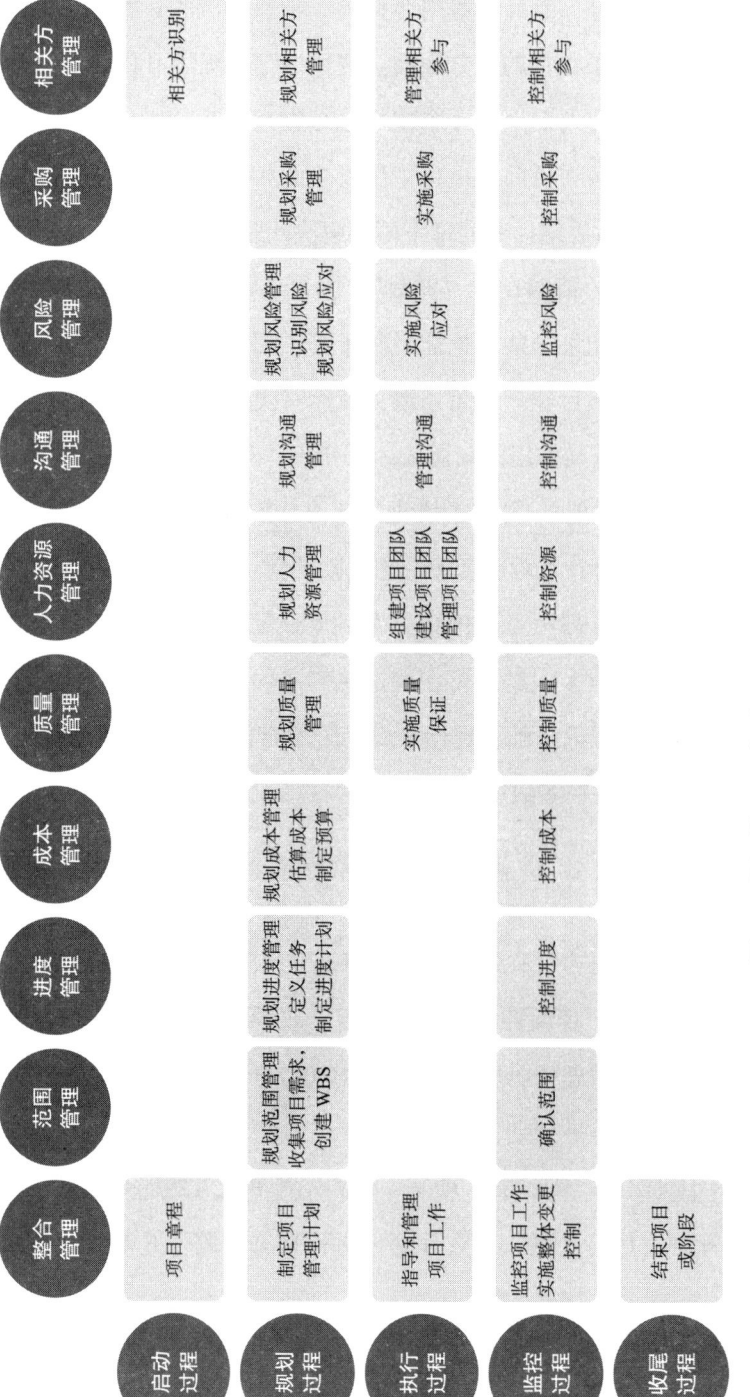

图1 项目管理五大过程组、十大知识领域

（Abandon）也是项目经理宝贵的经验教训（如图0-3所示）。失败乃成功之母，做好复盘，学会爬坑，学会躲坑，事后分析追责不为"甩锅"，为更好地分析问题，避免类似事件，也为将来能够从失败中走向成功。

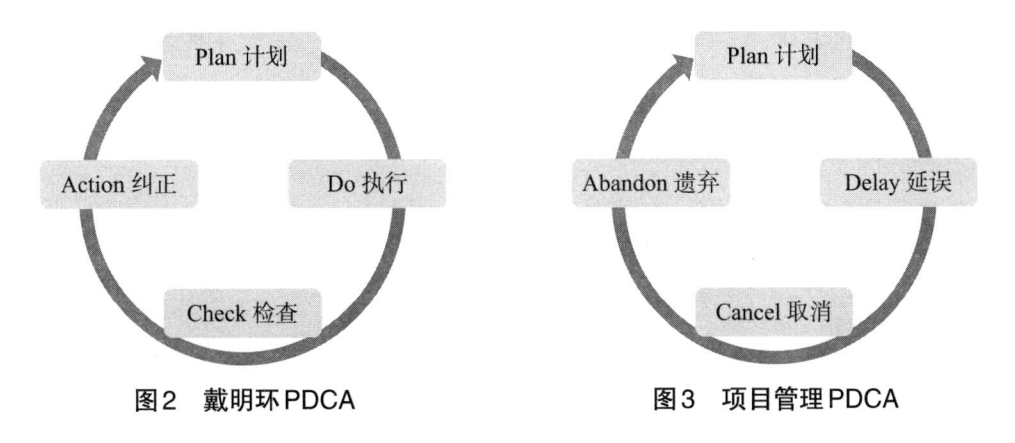

图2　戴明环PDCA

图3　项目管理PDCA

终身学习，项目管理是一个无限游戏，是可以学到老做到老的工作

有位前辈说："我很喜欢咨询顾问这样的工作，因为总是可以接触学习最前沿的技术和理念，是一个可以做到退休的职业。"其实，项目管理何尝不是呢？项目的独特性决定了我们所做的每一个项目都是不一样的。不同的领域、不同的组织、不同的团队、不同的相关方、不同时期的组织战略和项目目标等，特别是这些年的变革大潮，企业希望用更好的技术、先进的流程、更完善的政策促进企业的发展，无形中要求项目经理要有快速的学习能力以应对不同的项目要求。如前所述的项目经理关键技能：项目管理技术、领导力、战略和商务管理几方面已经给项目经理提供了很广泛的学习空间和方向，而且永无止境。

一 ▶ ▷ 项目启动

每一个项目就像是一个"金矿",当你成为项目经理,就要带领团队开始掘金之旅,所以团队是关键。当你要建立项目团队时,就要找到有共同理念的、有相互协作的团队意识的、一心想挖到金子的队伍,在你的带领下,关关难过关关过,最终完成整个掘金之旅。

1 需求决定项目启动

项目的启动,就是来源于企业的需求;企业的需求来自客户和市场的反馈,客户需要什么产品?市场上有没有类似的产品?我们的企业能不能提供这样的产品?或者在市场竞争中,类似的产品,我们能不能做得更好、更便宜?这些都是项目启动的来源,也是企业经营者对于市场的理解和对企业发展方向的决策依据,在别人尚未准备的时候提前一步进行部署。

而项目的实施需要应用项目管理的思维和模式,虽然项目管理产生于20世纪60年代,PMP引入中国也有20多年,且历经数十年的发展,但项目管理的理念要被接纳还是一件道阻且长的事情。许多公司的高层管理者不愿意接受改变,也不希望自己领导下的层级关系被打破,因此,在过去大多数组织中,业务或职能部门兼职管理项目非常普遍。究其根本,其实就在于项目管理模式会导致不同程度的组织架构的改变,这样会动了某些人的奶酪,而且项目管理非常依赖高层管理者的授权和赋能才能实现。每个项目的启动,可以看作是高层考虑公司的发展而主动或被动地做出的调整,希望利用有限的资源去实现项目最大化的效益。

庆幸的是，这些年，项目管理在中国这样的创新大环境下经历飞速发展，已经越来越被重视和提升，人们已经意识到了项目管理的作用和重要性。

【案例】

创始人A和其他若干合伙人B-F，他们通过各自在不同业界的十多年的奋斗和积累后创建了8A公司。而后又经过十多年的努力，公司逐渐成长起来，业务主要涵盖电商业务、制造业流程优化、数字化项目咨询、企业财务咨询、项目管理咨询等，并在"北上广深"等大城市都设有分公司，公司总部目前在深圳。除了咨询业务为主，8A公司也有电商业务、教材/教具制造等分支业务。

近年来，公司合伙人发现越来越多的企业客户在咨询项目落地后，会向8A公司提出继续服务的要求，即能够提供相应的培训服务来维持项目落地后的效果；客户群体也逐步接受项目管理的理念，随着项目管理在国内外的接受程度越来越广，8A公司也乐意安排咨询师或者合伙人受邀去外部的合作公司讲课，并借此实现持续销售的目标。

问题也随之而来，经营会议上，合伙人E说，上次去客户处拜访，了解到之前几个曾在公司任咨询师的骨干，跳槽去了客户处任职内训师，而且讲的教材和我们自己开发的教材大同小异，我立马拍照回来准备起诉他们侵权。

合伙人D也说，类似的情形他也遇到过，这些人在8A干了3~5年，也掌握了部分培训的资料，被挖过去也正常，我们不是已经有限业条款了，应该能遏制一下。

合伙人C接着说，虽然我司也允许咨询师在外部兼职讲课，但是我也发现很多咨询师拿着公司的薪水却出工不出力，正常服务时间不给客户交付，反而在外面兼职赚双份，我们的薪酬相对市场平均水平不低了！

高层们互相讲述各自在最近拜访客户并进行市场调研的经历和发现，会议上公司培训相关业务的激烈讨论都被秘书记录下来。类似的高层调研会，基本每2周一开，经过多次研讨会的密集讨论，公司培训业务的问题及原因逐渐有了框架。

- 公司咨询师的离职很有可能是发展空间有限制。
- 公司的业务没能适应当前的市场细分需求，特别是企业客户中的个体开始要求和国际接轨的培训。
- 公司的培训资产需要重新评估，要思考怎么避免这些资产的流失。

有一次调研会期间，高层A和D看到秘书在会议间歇看手机视频，就问秘书看什么，原来是看APP上订阅的频道，博主会定期或不定期录制怎么做不同类型蛋糕的视频。

高层D问："这样就能学会？"秘书说："是啊，我们平时办公也忙，基本没时间学习，只有靠空闲的时候看看视频，周末看着视频学做一下蛋糕，多试几次就好。"高层们恍然大悟，我们也可以转线上，于是高层们开始思考进军成人教培行业，并决定通过新的战略级项目来启动公司的业务转型。

【案例分析】

很多时候，作为打工人的我们只看到了公司设立了新的部门，发展了新的业务，实际上这些变化是公司战略项目成功实施之后的结果。上诉案例描述了8A公司的发展历史和现状，也暗示了项目发起人为何发起项目的原因：

从组织外部来看，主业稳固，但市场基础开始变化。公司在原有的咨询服务上发展多年，取得了不错的业绩，并形成了现在的公司架构；但随着市场经济不断发展，企业培训的需求慢慢发生变化，个体对项目管理培训的热衷正在悄然兴起。

从组织内部分析，业务能力不足，架构需要调整。高管到市场一线的调研，在公司内部也看到年轻人的学习习惯正在发生变化，而公司目前的业务能力并不能覆盖，或者说并没有相应的人和资源去满足这样的需求。8A公司有通过项目来驱动组织变更的诉求，绝大多数组织也是如此。

一般而言，组织是指为必须通过互相协作以实现共同目标的群体，业务调整或者转型，实际上就是组织架构的调整，只有先调整架构，才能赋予组织新的业务能力去适应市场变化。因此，发起项目带来的直接影响就是企业组织架构的调整或重组。一般有以下几种类型的组织架构：

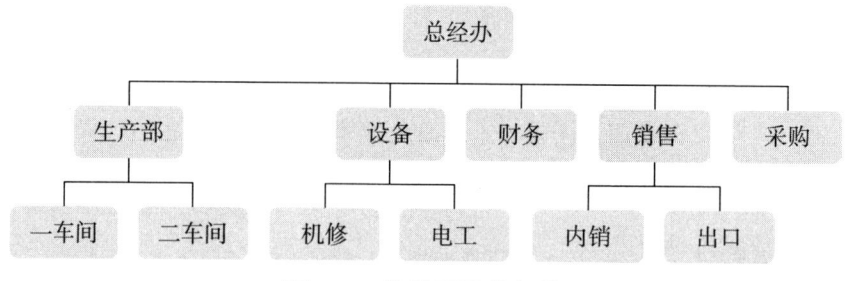

图1-1 传统型职能架构

传统型组织架构（见图1-1）：主要是职能部门为主导，职能部门负责人有对预算的控制权。而且每个职能部门之间分工明确，信息沟通的渠道也相对单一，都是向上汇报为主。

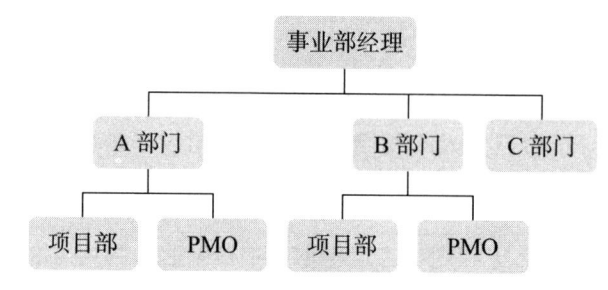

图1-2 部门型项目管理架构

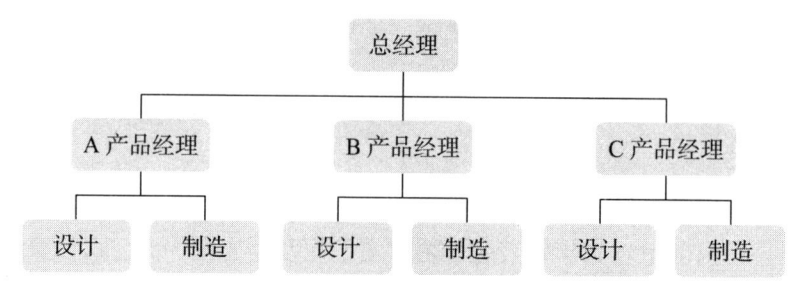

图1-3 产品型组织架构

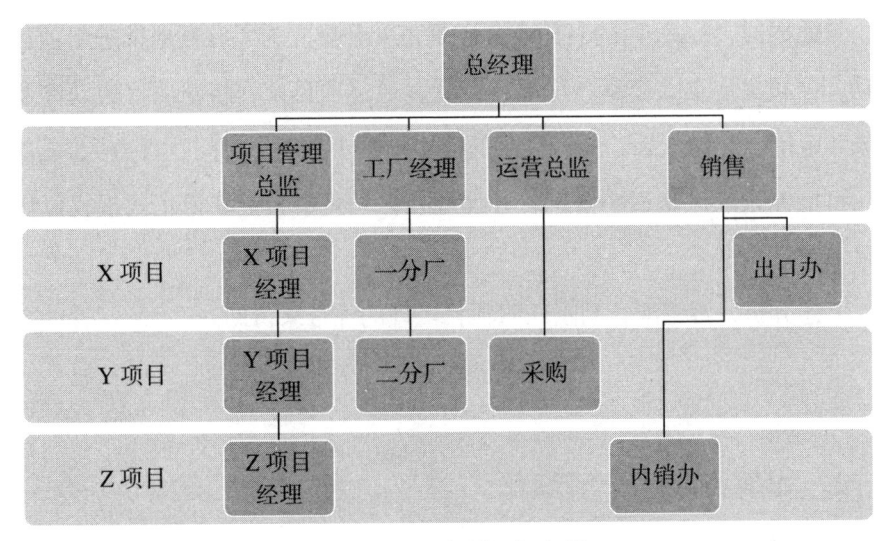

图1-4 矩阵型组织架构

项目型组织：也分为部门型（见图1-2）、产品型（见图1-3）、矩阵型（见图1-4）等组织形式。各自有不同的组织特点，项目型组织的优点在于沟通渠道畅顺，对于市场的响应更快，项目经理直接对项目的产出负责，项目组的成员更加稳定。从实际情况考虑，**8A公司目前的组织架构接近部门型项目组织，而产品型组织或者矩阵型的架构有可能是整个公司转型的方向。**咨询公司本身已经是项目为主，而线上培训是以产品为主，所以架构调整的方向也会向产品型组织靠拢。

8A公司的高层已经看到市场的变化，企业培训的需求还在，但是形式上需要配合当下市场的趋势，即能提供线上的培训产品服务，同时一如既往地做好线下的服务。因此，8A公司的高层计划启动一个新项目，**通过项目来实施业务转型——**试水在线教育。该项目将提供一个在线学习的平台，可以把公司的部分咨询服务产品化、课程化，更好地配合线下咨询业务发展。同时，该项目完成后，公司原有的业务架构也会发生相应的调整，已达到转型的目的。

8A公司的高层深刻地意识到，这是一个艰难的内部转型的尝试，所以他们对该项目定位是战略性转型项目，会独立安排资源和专门的项目经理去实施。与此同时，8A 公司的其他业务还是正常开展。为了有效地推进新项目的启动，公司决定正式起草一份项目章程，通过项目章程将新项目启动涉及的背景、范围、交付成果、所需资源的初步预估（预算、时间、人力）、成功标准、可能涉及的风险逐一登记，并计划在公司董事会上获得正式授权以启动项目。

上述分析，希望能给刚刚任职项目经理的你带来帮助。

2　如何将战略分解细化

项目从启动到落地，需要所有参与者共同努力。而项目管理这套方法论，则是提供了一套可行的方法，让项目经理/执行者有规则可循，有方案可依，在面对发起人需求的不确定、战略目标模糊的时候，对于项目经理而言，可以参考项目管理的方法论，主动了解需求，去分解目标、细化需求，将宏大的模糊的战略目标一步一步分解为可以实现的、可以测量的小目标和事项。需求也分很多种，业务线的需求、发起人的需求、其他干系人的需求、外部环境的需求等。

同时，把细化后的事项记录下来，并结合发起人的意愿、企业目前的能力和需求，充分讨论后，再进入规划阶段做优先级别的选择。以下提供一个模拟情景：

【案例】

数字化转型是 8A 公司的战略目标，在保持原有线下咨询业务模式不变的情况下，试水开拓线上培训，形成线上线下两条业务线，相辅相成也是为实现其战略目标的一部分。为此，高层们还亲自拜访客户，做市场调研，了解市场情况。他们了解到，企业客户还是市场的主体，但是个人对于项目管理的培训需求在连续增长。特别是年轻一代的个体，除了希望能在企业内部获得培训学习，还有意愿参加外部的适合自己时间安排的培训学习，而且更适应网上视频授课的形式。

8A公司的高层又在开会了，大家积极地发表各自的意见。高管A希望能建立起企业的在线培训App；高管F希望能够把他们的课程直接放到门户视频网站上播放就好，没必要再花费额外的资源做App；高管C希望项目负责人选用公司的资深项目经理来担纲和落实，希望1~2个月能落实人员；财务总监B分析了自建和外购App的潜在费用和可行性，目前看自建费用更高；高管E希望视频课程能够围绕个人用户来开发，因为目前市场需要的；高管D则提出这个项目不确定因素确实很多，风险备用金要相应增加。一轮讨论后，会议得出初步方案，分三阶段实现。

第一阶段：开发在线培训的App。主要功能：线上视频课程，实现线上购买，并且服务信息能够很好地存储和记录。App计划在6~8个月上线。

第二阶段：录制目前的配套咨询课程，并配合App的开发计划，分批次同步到线上。课程录制预计2~3个月完成。

第三阶段：阶段二完成后，再开发针对个人用户的新课程。

另外，项目的资金总预算是950W，其中App开发预算600W，课程开发200W，项目风险备用金50W，还有预留100W作为管理层备用金。

项目管理办公室主任米亚和候任的资深项目经理罗宾受邀参加了高层们的讨论会，会后米亚和罗宾联系了高管D，希望了解一下对于第一阶段的交付物的一些细节描述。

高管D是这样描述的："App在界面提供客户登录的入口，然后进入课程介绍的页面。"

罗宾问："那是普通的账号+密码登录，还是需要人脸识别，或者是扫码登录？"

高管D一听，反问："这几个登录方式都可以一起提供吗？"

罗宾接着说："D总，登录方式越多，相应的开发时间也会越长，而且阶段一也没提到登录的这个需求，我现在先给记录上。"

高管D接着描述："线上视频课程都可以试看介绍，后续内容就是需要购买才能学习了，线上购买就可以了。"

米亚马上问："D总，那是直接二维码购买还是放入购物车后再付款购买？"

D总思考了一下，"嗯，这个我反而没考虑到，或者你们先看看吧，后面给董事会汇报一下你们的方案吧。"

罗宾接着说："好的。阶段一我看到描述了要妥善保存客户信息，我看了一下公司的设备清单，我们目前的服务器性能达不到，可能需要马上订货购买了，因为到货周期会相对长，而且我还需要走财务的流程。"

D总说："这没什么问题，我稍后给财务总监打个电话，先通知你们需要采购服务器，看看能不能尽快批你的采购申请，服务器确实是要早点买，这也是我没考虑到的问题。"

米亚说："我稍后会给你们两位发会议纪要，顺便抄送财务总监。"

【案例分析】

在项目启动阶段，高层管理者通常会有多次讨论，如以上案例情景。我们如何从各个方面归集信息，让项目成形并真正启动项目呢？大家可以参考以下几点思路着手开展项目工作。

（1）高阶路线图

公司高层拟定的路线图已经初见雏形，描述的是愿景中项目的拟交付物和时间线，虽按三个阶段来走，但是每个阶段的交付物却只有模糊的描述。在这里，可以采用专家访谈的方式了解高层管理者对路线图的描述，很可能会了解到更多的细节。高层管理者有可能不清楚细节，就如上述案例描述，在进行访谈时候，项目经理用问题逐步明晰需求和细节。例如App的界面登录，线上购课程的付款方式，公司的服务器性能等重要的需求，都是原来的阶段，描述里没有记录和描述的内容。

（2）了解需求，确定高层级项目范围

对于项目经理来说，首要关注的是路线图会不会再变更？高层是否已经确认了路线图？在这个阶段，建议项目经理要主动访谈项目的发起人和若干对项目有决策权的高层，记录他们的想法，特别是对于每个阶段的交付物和可能存在的风险点；记录临时出现的新的需求，访谈过程一定会激发出更多的更细化的需求，项目经理需要先记录，然后汇总并提供反馈。

（3）主动联系获得反馈

项目经理往往考虑要怎么落实、如何落实、谁落实？这没有问题，但是建议大家做好反馈跟踪。当项目在进行细化需求的活动，反馈意见给发起人和高层后，项目经理要及时跟进。如果是邮件汇总或会议纪要的意见，请务必注明期待反馈的时间点，并主动联系，请勿将此项反馈的工作交给助理或者PMO。

（4）确认落实项目资金

项目经理会忽视和项目发起人去确认落实项目的资金来源。850W的预算，但这个项目还没立项，项目经理需要咨询和了解项目的资金从哪里来？什么时候到位？资金提供方是谁？提供的资金需要什么交付物作为产出？作为项目经理的你，怎么办？找谁呢？我们的建议是找项目发起人了解项目启动资金的情况，并通过发起人去联系资金提供方，并进一步了解资金到位的时间点。同时，你需要参考项目估算部分的描述。

（5）人力资源协调/协商

确认资金保障后，项目经理要着手准备组建团队。项目经理是带领项目团队实现项目目标的人，既需要管事也需要管人。项目经理可以与人力资源部门及PMO一起协作获得项目所需的资源。请参考项目资源管理等章节，了解更多的信息。

以上都是我们在项目启动准备阶段需要收集、整理和确定的信息，以便草拟项目章程，正式启动项目。

3　敲定项目章程

前面两个小节谈到了企业主动求变，为的是在激烈的市场竞争中生存，以及保持竞争优势。项目的启动阶段，我们有了一些开展工作的思路后，如何正式启动项目，并使项目经理有获得相应的资源和权限管理资源推进项目？我们需要有一份"项目章程"，这好比是项目出资人或发起人与项目经理、项目团队的一份合同，它对项目的目标、范围、主要可交付成果、主要制约因素与主要假设条件等进行总体性描述，它规定了项目经理的权限及其可使用的资源。一旦项目出资人或发起人发布了这份项目章程，也就正式宣布了项目的存在，宣布项目经理的任命，以及授权项目经理使用企业的资源开展项目工作。这也是后续项目经理指导项目的实施和管理项目工作的根本大法。

【案例】

8A公司正在准备在线培训App项目，为了更好地推进项目的落地，候任的项目经理罗宾正在和PMO主任米亚商议准备起草该项目的项目章程。

罗宾："米亚，你看有没有关于类似线上App的项目章程例子，或者以前的类似项目章程？我想参考一下。"

米亚一听，脸露难色，说道："以前公司压根儿就没干过这样的项目，哪里有相关案例？以前其他类型项目章程倒是有不少，我可以给你看看。"

1天后，罗宾找到米亚试探着说："米亚，之前的项目和项目章程我都看了，我们使用一样的模板是可以的。我打算先起草这个项目的章程，先描述项目的背景、范围、预估成本、产品质量标准和计划交付周期。但是有个问题，之前的项目章程很多都没有涉及相关商业可行性的分析，我没办法了解之前的项目是怎么改变或者影响业务线，到底项目能不能带来商业价值，你看能不能再找商业论证的资料？"

米亚说："我接手PMO也发现了类似的问题。以前的项目规模都小，都是各条线的业务总管提出来需要做的项目，所以关于商业论证部分比较少。我能理解你需要的是商业论证分析，或者我安排会议和A总他们沟通一下，看看他们对于这个项目涉及业务线变更的想法，毕竟他们才是最后的决策者。我手上有高管们前期调研的报告，还有相关的会议纪要，你也先多了解一下背景。"

罗宾："好的，谢谢！我先进一步了解调研的内容和相关会议纪要。"

3天后，米亚打了电话给罗宾，说："A总他们后天上午有时间，我已经安排了和他们的碰头会。"

罗宾："好的，我看过之前的项目调研，归纳了项目立项的2个原因：一是公司外部的市场需求起变化；二是我们目前提供的服务还满足不了这个变化。另外，管理层也提到做个线上培训的App，我这里也准备了一下相关的资料和初步计划实施的路线图，项目章程的草稿还在起草中，尽量赶在碰头会前出来初稿。"

米亚："好的，我先把会议邀请发出来。我建议草稿起草之后，我再安排1~2次碰头会。老板们的想法挺多的，我们还是先沟通一下，看看他们对项目的要求和期望是怎样的。"

罗宾："好的，我看到会议邀请了，我们后天见！"

【案例分析】

虽说项目章程是出资人或发起人制定和发布的，但实际情况是项目经理向项目出资方或发起人收集相关信息，草拟后一起讨论确定的。所以，项目经理多数应该在项目章程发布之前就确定下来，以便他们能更好地参与确定项目的计划和目标。怎么准备项目章程，这个是体力活，也是技术活。

（1）体力活

准备起草项目章程，项目经理往往需要花比较多的时间去阅读项目相关的文档资料，了解前因后果。另外，也需要确定项目章程的模板，以及借鉴参考之前相关或类似项目的章程等。项目经理需要针对了解到的项目背景、目标、高层级需求和范围进行资源和成本估算，并设计项目实施的路线图等。有时候，项目经理需要与项目商业分析师一起撰写项目的商业论证。如果没有商业分析师这个角色，项目经理还需要根据之前的调研报告和会议记录准备并撰写项目的商业论证。商业论证对于一个项目是否立项非常重要，涉及项目的投入与收益、合法合规要求、可行性研究和分析等。如果缺乏商业论证而立项，则可能项目虽然交付成功，但最终无法实现预期的收益。

这些工作都要求特定时间内完成，最后才能整理草拟出项目章程，工作量是巨大的。

（2）技术活

当章程草稿完成后，项目经理需要花时间，有技巧地与相关方沟通，特别是与高层管理者的沟通，对齐相关的要求和期望。与高层安排多轮的沟通会，如一对一访谈、多方一起的讨论会等，目的在于澄清并充分理解高层们的需求、期望和对项目的态度，充分沟通项目的相关高层级风险和假设前提。最终目标当然是让高层们对项目章程的内容达成共识，并给予后续的资源支持。

4　搭建项目治理架构

好的团队是项目成功的基石之一，搭建团队是每个项目经理与高层共事的良好契机。在搭建团队的过程中，项目经理要将高层对项目的理解和期待，转化成团队成员的构成，搭建好项目治理架构，在合适的位置上配备适当的人员。项目治理架构设立的目的，是要让组织内/外的人明确了解到参与该项目中相关方的角色和责任。

【案例】

8A公司董事会召集公司的项目管理办公室主任米亚和资深项目经理罗宾进行立项前沟通。

高管A："米亚，罗宾，公司董事会决定试水在线教育，作为配套公司对公咨询业务主业，提供二次服务客户的平台，这也是公司下一阶段发展方向。我会召集董事们，在近期召开经营会议，成立公司层面的项目管理委员会，你们两位也会作为其中一员参与。罗宾，董事会提名你作为项目总负责人，直接汇报给委员会。米亚，我会提名你为该项目的办公室主任，你将会向罗宾汇报。另外，请你们准备一份候选项目经理的名单，并给出你们的建议，下周二前先给我看看。"

米亚："谢谢总裁的信任。关于这个项目的PMO，是把它纳入现在公司的项目管理体系，还是另外独立成立一个项目管理办？"

高管A："另外独立成立一个项目办，你兼任主任，可以从你原来的团队里调人过来帮忙。"

罗宾接着说："A总，公司这次的方向是什么？据我所知，目前线上教培虽然是热门，但我们公司没做过线上，这个项目的风险会有点高。"

高管A："嗯，我认为风险总体可控，但为了不影响现有的项目管理，我主张独立出来成立一个项目办。目前董事会初步形成的共识是，可以试水先做一个App，在线上提供线上学习；用户可以在App上选择我们公司的一些培训课程，缴费后可以在线上课。这几年看下来，很多企业的老总都希望我们能提供后续跟进的培训，或者是一些实战的讲解，他们都表示可以为这样的服务再付费，所以我们考虑这也是一个机会。"

罗宾："线上的App？那是我们自己开发还是外包即聘请外面团队开发？

我们目前没有这样的技术能力，如果要自建，估计工期比较长，不知道董事会怎么考虑？"

高管C："董事会还是考虑自建。主要考虑两个方面：一方面，数字化能力建设。我们目前没有这个能力，但是可以培养队伍建立能力，而且我们早几年也在推数字化方案给我们的客户，我们自己也要慢慢配备这样的能力，可能以后会专门搭建App的队伍服务我们的客户；另一方面，希望给新老员工表现机会，我们公司也成立了十多年了，也需要创造更多的机会给员工。"

高层A紧接着说："当然了，董事会还有其他声音，希望外包，但是我和高管C还是支持自建。这样整个数据平台都在自己手里，数据安全有保障，客户也更安心，后期服务响应也能更快捷，毕竟肉烂在锅里还是自己的。工期的话，你认为要多久？"

罗宾："嗯，如果是自建App，我需要先评估一下公司的技术能力才能给您答复。"

高管C："我提一个期望，就是尽量安排公司内部的员工参加这样的大项目，要给大家机会。"

【案例分析】

上述的模拟情形描述了一个场景，高层（项目发起人）开始做顶层设计，并搭建项目的治理架构。一是以通过委任项目总负责人作为授权人；二是独立地设立PMO为项目提供支持。

而项目负责人和PMO也通过与高层的沟通获得如下几点：

- 项目愿景的阐述。高层再次强调了建立App的愿景，目的是提供线上的服务支持线下业务，背后的原因是市场的需求趋势，即原有咨询服务对象的需求。
- 项目风险的初步评估。与高层确认项目的整体风险可控。
- 项目实施路径确认。管理层决定自建而非外包，并通过高层C的进一步解读，发掘出公司希望建立数字化能力，并提供机会给内部员工。
- 项目资源配置。通过沟通，确认高层对于项目资源配置上更倾向内部参与。

一番对话后，项目的治理架构初步勾勒出来，如图1-5所示，8A公司计划采用的项目治理架构。项目总监和PMO负责汇报给项目管理委员会，项目中各模块业务设立各自的经理，并向上汇报给项目总监。PMO也可根据需要安排资源对某模块业务提供支持。

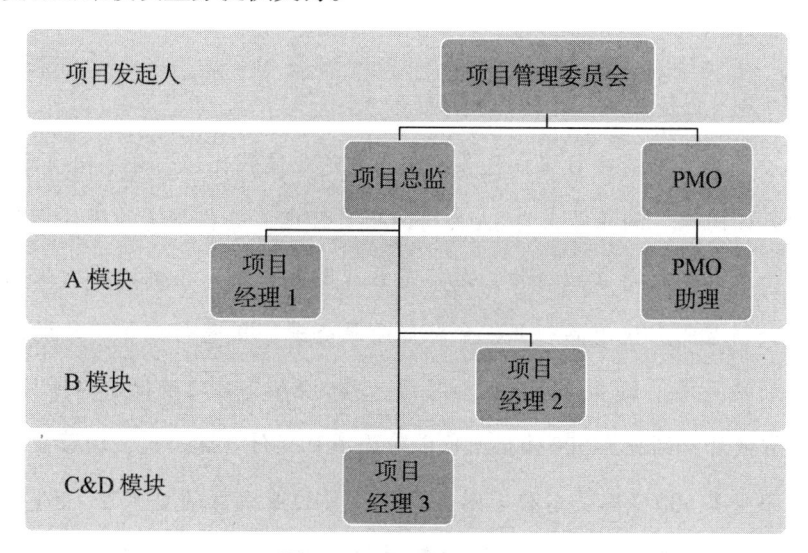

图1-5 项目治理架构

5 选准项目"领头羊"

随着这些年项目管理的发展，特别是在中国近几年的创新大环境下，"居安思危，主动求变"，通过项目进行提前布局，在市场竞争中得以获胜已经成了很多企业的一个战略方向。人们已经意识到项目管理的作用和重要性，项目中的人也是最关键的资源。前面我们讲到了项目治理框架的搭建，确定好项目发起人、项目负责人、PMO后，下一个重要角色便是选拔任命项目经理了。项目经理是何等重要的角色？他是由组织授权，领导项目团队实现项目目标的人。项目经理对项目的领导、实施和绩效负责。项目经理这个角色尤为关键，项目经理的能力与经验很大程度上会影响项目的成功和交付质量，因此把项目经理称为项目团队的灵魂人物一点也不为过。我们可以说项目经理就是带领团队向前进的"领头羊"，只有领好了前进的方向，队伍才会走到胜利的彼岸。那么要找到这个"领头羊"，我们需要关注哪些方面快速锁定合适的候选人呢？

【案例】

8A公司的主业是项目咨询服务，包括制造业流程优化、数字化项目咨询、企业财务咨询等。陶菲是来自8A公司的项目经理，具备丰富的项目集、项目管理及企业转型变革管理经验，尤其是企业财务模块，接触过的行业也比较广泛，如制造业、快消品行业、金融保险服务业、医药行业等。她说得一口非常流利的英语、标准的普通话和粤语，作为8A公司比较抢手的项目经理，陶菲经常被外派到世界500强企业负责跨国项目交付。这一次，陶菲被安排去面试一个世界500强客户G公司财务转型项目的亚太区项目经理。8A公司的常规流程，在给客户提供咨询服务前，根据客户的要求会筛选一些比较合适的候选人推荐给客户，最后由客户面试筛选确定最终人选。8A公司的PMO负责人米亚给陶菲提供了一些客户项目的背景，她说："这个客户正在做他们财务的全球性变革项目，从传统的财务运作模式变革为目前比较先进的三级管理模式，整个财务架构分战略财务、业务财务和共享财务，同时尽可能地统一各地区分公司使用的财务系统，进而在各地区分公司推行全球财务标准流程等。这个全球项目集根据地区会分三个子项目同时进行，北美区、欧洲拉美区及亚太区，这次他们需要找一个负责亚太区的项目经理。北美区作为示范已经启动六个月了，欧洲拉美区也已经在两个月前启动了，亚太区是最后一个启动的，客户对这个项目非常重视，由于内部没有找到合适的项目经理，因此，他们希望通过外聘一个资深项目经理来担任亚太区的项目交付。"她让陶菲好好准备一下，她会跟客户联系确定接下来的面试安排。

面试时间到了，这是个视频电话面试，陶菲习惯性地提前五分钟到会了，提前调整好摄像头和麦克风。慢慢客户G公司的面试官也陆续到会，先是一位金发女士比较干练，接下来是一位印度男士和一位身材微胖的印度女士，然后是一位韩国男士，一位中国女士……足足来了10位客户的面试官！陶菲有点紧张，在她过往的面试经验中，客户的这种排场是比较少见的，足以见得这个项目是多么被重视，无形中他们对这位项目经理的要求也不言而喻了。

首先，金发干练女士用英文主持开始了这次面试，她自我介绍，叫克里斯蒂，来自美国新泽西，是这个财务转型的项目集经理，然后她让各位面试官简单地介绍了自己。原来这次的面试官有项目集经理、PMO、客户亚太区的财务总监、客户全球共享中心负责人及相应模块的业务经理和技术团队负责人等。

克里斯蒂先是简单讲了这个大项目集的背景和状态，然后讲述了今天面试的安排。在进入问答环节之前，她让陶菲也先做自我介绍。一开始陶菲比较紧张，但经过自己有准备的自我介绍后慢慢缓解了紧张。

克里斯蒂听完陶菲自我介绍后微笑地点点头，继续问道："如果你现在被任命为亚太区的项目经理，你可以讲讲如何快速了解项目并开展工作吗？"很显然，克里斯蒂作为项目集经理更关注项目管理领域的技能和经验。

"如果项目章程文档已经就绪了，我会从这个文档开始了解项目的几个主要方面的高层次信息：项目目标、范围、交付产品、里程碑时间计划、项目治理架构、风险和基本假设等。这个项目集的北美区已经启动一段时间了，我也可以参考北美区的相关项目资料，为亚太区的各方面做好准备。项目初始阶段识别、分析相关方也非常重要，我会安排一些1对1的面谈与项目主要相关方，如项目发起人、业务负责人、项目团队成员等，以了解大家对于项目的理解、需求及对项目的支持度等，以便后续制订项目相关方参与管理计划和沟通计划，也可以与项目团队开展项目管理计划的具体子计划制订。"陶菲想了片刻便回答了。

克里斯蒂似乎很满意，接着问："你有处理过具有很高不确定性的项目吗？如果有，可以讲讲你是怎么管理领导项目的吗？"

陶菲停顿了一下便开始作答："有的。**不确定性是项目的一个基本特点，项目开始阶段项目经理获得的信息都是高层级的并且部分是不确定的，但项目是渐进明细的，作为项目经理就需要有能力把不确定的方面定义好并得到确认，特别是项目范围方面**。项目计划也是需要从高层级到具体细致的计划制订再进行落地。**有时候，项目的不确定性是由于项目相关方的想法多变而导致的**，这时候可以做好相关方管理和变更管理方面。这里也分享我过去的一个不确定性很高的项目是怎么处理的……"

陶菲不再紧张了，也很自信地把问题结合项目经验流利作答。这位项目集经理又接连问了好几个问题：如何管理虚拟项目团队（因为团队人员来自世界各地，文化差异、时差等也是需要克服的问题等）；如何管理风险；分享一下当你和身边的人员遇到意见不一致的时候如何处理等。

"你是如何理解目前财务管理推荐的最佳实践三级管理模式？"客户来自印度的面试官苏茹阿比开始发问了，**她是客户的全球共享服务中心的负责人，她更关注项目经理对于项目的战略方向，以及业务知识方面的理解和能力**。

"过去分散、网状的财务管理模式越来越不能适应公司的快速发展，三级管理模式给我们提供了一个比较完整的，以支撑企业快速成长，发展创造价值为目标的财务管理模式。三级分为战略财务、业务财务和共享财务三级，可以形象地理解为一个财务管理金字塔模式，最高层是我们的战略财务，中间层是业务财务，第三层是共享财务。战略财务对应的职能是指导，他们在专业领域有着深入的研究，参与战略的制定与推进，将业务财务和共享财务提供的信息转化为对公司经营决策有价值的信息支持战略决策……"

"我们的项目，从你的角度看公司的业务职能团队比较关注的地方有哪些？我们如何做可以降低或减少对业务的影响，也获得业务职能团队的支持和配合？"接下来客户韩国的面试官金宰贤也发问了，**他是亚太区的财务总监，作为业务的直接影响方，他更希望项目经理能够有很好的人际沟通及相关方管理的能力以减少抵触，争取相关方的支持和配合。**

"这需要我们做好相关方的参与度管理和沟通，在项目的初期要识别项目相关方，然后分析相关方的需求，进而做影响分析以便更好地管理相关方参与和沟通，这个过程也是贯穿整个项目的。作为业务职能团队，他们希望这次的财务变革是可以给他们带来好处的，而且在变革过程中尽可能少地影响前端的正常业务活动，如销售的订单发放、应收账款的回款速度、采购的订单后续财务的处理、供应商付款等。我们需要在前期就开始自上而下地对我们项目的目标、将会给公司带来的收益、对他们的好处，以及需要做的改变跟不同的目标群体进行多次的沟通，争取获得相关部门的支持。很多时候，人们不支持一个改变也许仅仅是因为他们不了解……"

陆陆续续也有客户的技术负责人、共享中心的移交经理等发问，期间在英语、普通话、粤语这些语言中切换，给陶菲来了个360度考察，面试也终于在1小时30分钟结束了。

在一周的等待后，陶菲得到了消息，她通过了客户G公司亚太区项目经理的面试。

【案例分析】

合格的项目经理需要具备哪些核心技能呢？**PMI人才三角，列出了三个关键技能：技术项目管理、领导力及战略和商务管理。这就是项目经理必需的核心技能。**

在案例中，陶菲在面试中被客户全方位考察，围绕着项目经理必备的关键技能。客户项目集经理克里斯蒂的问题更多关注技术项目管理技能、如何开展项目、如何管理项目不确定性、项目团队管理、风险管理等。客户的全球共享中心负责人苏如阿比则更关注战略和商务管理能力，也就是对于组织战略方向，项目主题的理解及是否具备相关的业务领域知识，这将帮助项目经理更好地向项目相关方阐述项目的目标和交付成果，并且必要时可以做出对于项目商业价值最大化的一种决策能力。客户亚太区财务总监更希望项目经理能够具备很好的人际交往能力，以便更好地管理项目相关、促进项目成功的领导力等。

PMI 人才三角

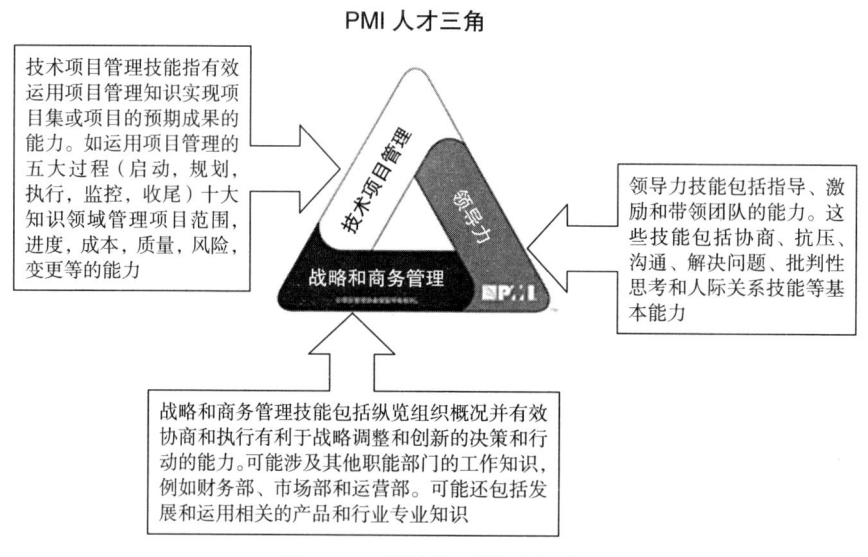

技术项目管理技能指有效运用项目管理知识实现项目集或项目的预期成果的能力。如运用项目管理的五大过程（启动，规划，执行，监控，收尾）十大知识领域管理项目范围，进度，成本，质量，风险，变更等的能力

领导力技能包括指导、激励和带领团队的能力。这些技能包括协商、抗压、沟通、解决问题、批判性思考和人际关系技能等基本能力

战略和商务管理技能包括纵览组织概况并有效协商和执行有利于战略调整和创新的决策和行动的能力。可能涉及其他职能部门的工作知识，例如财务部、市场部和运营部。可能还包括发展和运用相关的产品和行业专业知识

图1-6 项目经理核心技能

当今全球市场越来越复杂，竞争也越来越激烈，企业更关注项目是否能够提高绩效并取得更好的业务成果。要成为合格项目经理，只拥有项目管理技能是不够的，我们需要有领导力的项目经理，如果要使项目提高绩效，我们需要了解组织战略和掌握足够的业务知识和专业技术。为获得更好的业务成果和利润回报，项目管理发展到今天，可以说项目经理也越来越精细专业化，我们有专门针对IT相关产品开发的IT项目经理，有针对RPA（人工智能）项目经理、财务项目经理、业务移交项目经理、内部流程优化项目经理等。

当我们没有合适的项目资源，但迫于项目的紧急性需要马上启动的时候如何处理呢？

我们在寻找项目经理的时候，往往可以先内后外去挖掘最合适的项目经理，基本上有以下几个思路可以参考：

（1）如果公司设立了PMO部门或者相关的项目管理部门，通常会设有专职的项目经理，他们经过专业的培训与认证，可以根据项目的专业背景、进度和复杂度等因素去匹配合适的人选。但这些项目经理也经常是公司内部的"香饽饽"，如果我们下手太晚了，可能就错失了优秀的项目经理人选。

（2）如果没有PMO，或者专职的项目经理刚好不匹配，我们也可以从某个部门里根据项目经理的能力要求和候选人的过往工作经历来匹配。

（3）如果确认公司内部无法找到合适的项目经理候选人，我们就要未雨绸缪，在项目前期准备的时候就应该开始从外部的市场上去挖掘合适的人才。对于外部招聘来的项目经理，他们除了要具备项目经理的普遍能力，还需要对公司的企业文化和管理方式有较好的认同和融合，这样才能做到1+1>2。

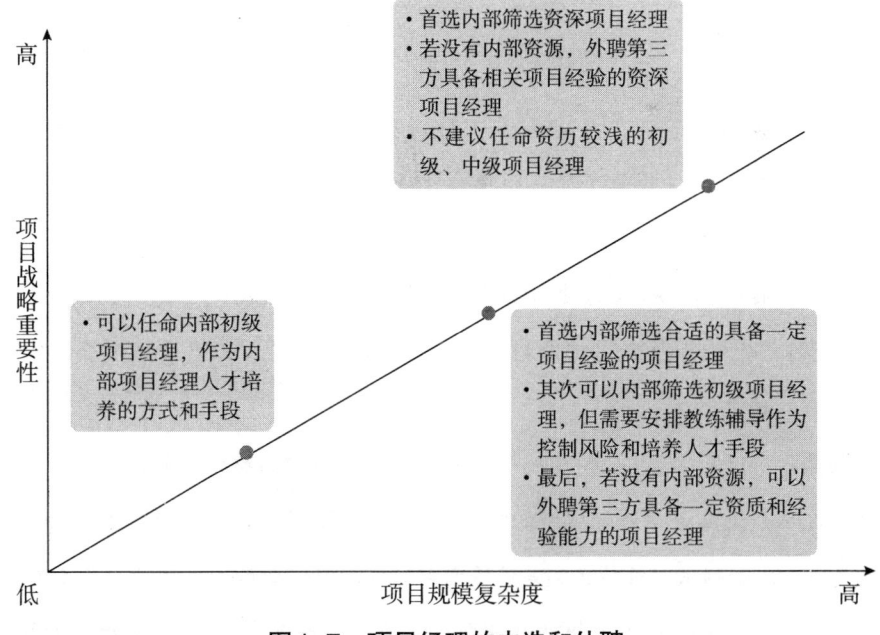

图1-7　项目经理的内选和外聘

案例中的情况是通过外聘第三方资源解决项目的资源问题，那么企业也应该根据自身发展需求培养和发展优质的项目管理人才，并做好人才储备和内部培训。

6　配强项目团队

人是关键，项目经理任命后，接下来组建项目团队是项目初期非常重要的任务。没有全能的项目经理，只有全能的项目团队，是否能够组建一个符合项目要求的项目团队对于项目的成败也是非常关键的，项目经理要非常清晰你的项目需要怎样的团队成员。那么我们这里要探讨两个问题：

（1）项目如何确定需要什么样角色的团队成员？

（2）项目团队成员从哪里来？

【案例】

这天一早项目管理办公室主任米亚、项目负责人罗宾、HR经理劼然，以及项目助理朱小雪，开始了项目团队组建的跟进讨论会。

米亚："各位早，今天这个会议的目的是希望和我们HR劼然对接一下即将开始的项目关键岗位人员安排的事宜。"

罗宾："我们新项目拟对外招聘的岗位和人员名称，以及要求的条件我已经起草好，请各位看一下。"

劼然："好的，二位。我有一个问题，你们在项目的整体人员计划中，为什么只有这几个岗位是拟对外招聘的呢，比如系统架构师、IT系统开发工程师？其他的岗位，比如测试工程师我们是选择内部选拔，他们期待到岗的时间是多快？"

罗宾："公司下个月就会对项目进行立项，系统架构师和系统开发工程师是本次项目比较关键的职位，这块我们目前内部人才储备不够，因此希望能从外部选择更合适的人员加入这个项目组。项目经理经过之前初步的评估和筛选，我们倾向内部选拔为主，到岗时间1~2周应该就可以搞定。只要项目经理到岗，我们就可以先录制我现有咨询课程的线上版本。"

劼然："好的，大体上我清楚了。我这边根据这些需要外聘的岗位需求去市场上看一下有没有合适的候选人，并安排面试的时间。麻烦提供一下项目组的费用代码，我会稍后让助理去系统创建岗位代码和费用代码尽早安排候选人面试，预计2个月到岗即可。对了，他们的目标薪酬对标行业中位数，是这样吗？"

罗宾："对的，感谢HR的大力支持，希望我们这个项目组能尽早招聘到合适的人选。"

朱小雪："各位经理，我稍后会把今天的会议纪要发出。请及时查收，如有遗漏请及时告知。"

【案例分析】

在项目前期准备阶段的时候，项目人员的准备就已经开始了，当确定项目高层级的范围、目标和交付产品、服务的时候，我们便可以根据项目的需求锁定项目需要的角色了。目前很多变革项目都与数字化转型相关，那么会涉及IT相关的系统设计、开发、测试等，我们也有一些项目成员配备的模式可以参考，如下：

在IT项目管理中，基于软件开发生命周期的规律对项目成员进行配置是一种常见的模式。软件开发生命周期主要包括问题定义、可行性分析、总体描述、系统设计、编码、调试和测试、验收与运行、维护升级到废弃等阶段，这也是一个持续改进的迭代过程。每一个阶段都对应着不同的活动和所需要的角色，我们可以借用RASC矩阵对项目成员的角色和岗位进行划分，使每个成员都有清晰的责任和目标，并根据项目实际情况变化作出及时和灵活的调整，确保人员的充分合理利用，最大限度地满足适应客户的要求和项目交付的目标。因此，这种实践也是**遵循从公司战略发起—公司新的愿景—设计符合愿景的项**

目—组建项目团队（配置人力）这样的项目人力资源管理的经典套路。

表1-1 RASC矩阵

项目成员角色和岗位	项目管理	架构	用户需求	软件需求	设计	开发	测试	实施	维护
项目经理	R	C/A	S/A	S/A	S/A	S/A	S/A	S/A	S/A
系统架构师		R	C/S	C/S	S	S	S	S	S
需求分析师			R	R	C/S	S	S	S	S
软件设计师					R	C/S	S	S	S
前/后端开发						R	C/S	S	S
测试工程师							R	C/S	S
实施工程师								R	C/S
运维工程师									R
R（Responsible）负责；A（Approve）批准；S（Support）支持；C（Consult）咨询									

另外，关于项目其他方面的，如业务流程专家，需要根据项目涉及的业务流程范围而定；是否需要PMO项目协调员，也可根据项目的规模、复杂程度等因素而确定。

当我们解决第一个问题，"项目如何确定需要什么样角色的团队成员"后，接着需要解决第二个问题，"项目团队成员从哪里来"。我们需要对公司目前的能力进行评估，如8A公司需要转型，公司管理层支持自建App程序，而公司目前的技术人员并无相关的开发经验和能力，那么我们决定针对某些关键技术岗位进行外部招聘；而对于某些领域，如业务专家、项目经理岗位等，公司本身有这方面的人才储备，则考虑内部招聘更为适合。通常来说，我们需要综合考虑企业规模、项目复杂程度、人力成本，以及各项目成员的知识技能、专业特长、性格特点、项目经验、是否可用等因素，根据实际需求来决定究竟项目成员是从公司内部挖掘还是需要从市场上寻找，一旦选择到合适的人（不论是内部选拔还是外部招聘），我们需要将人放在正确的位置上，从而组建一个合理的项目团队。

在项目人员的招聘上，到底是内部选拔还是外部招聘？其实各有利弊，我们需要做的是结合项目实际需求和企业自身的现状全面考虑，帮助我们作出一个较为合理的选择。

表1-2 内选外聘优缺点对照

	优点	缺点
内部选拔	1.熟悉企业文化和价值观 内部员工比较了解企业发展历程、文化及业务状况，已经能够很好地融入企业文化，与企业有着共同的价值观与使命感，忠诚度较高 2.容易沟通和协调 内部员工熟悉企业的业务、管理方式及企业文化，在部门协作及沟通上，比较容易沟通和协调，提升组织的工作效率，易于发挥组织效能 3.有利于内部员工的职业发展 如果企业内部有职位空缺时，通过内部晋升和选拔的机制，可以很好地激励员工不断自我进步、提高士气	1.容易"安逸" 如果只采取内部选拔人才，没有外部新鲜血液的流入，有可能导致信息闭塞、因循守旧、创新不足。因此，我们需要外部人才引发的"鲶鱼效应"给内部带来一定的碰撞力 2.有时难以保证公平性 很多企业的内部选拔制度无法做到公平、公开、公正，往往难以保证选拔的公平性，同时很容易出现"近亲繁殖""拉帮结派"等不良现象
外部招聘	1.有效地与外部信息交流 外部招聘是一种有效的与外部信息交流的方式，企业可借此树立良好的外部形象。新员工往往会给企业带来新的观点和新的思想，有利于企业经营管理和技术创新，防止僵化 2.促进内部良性竞争 "鲶鱼效应"告诉我们，外聘人才的进入无形中会给原有员工带来压力，造成危机感、激发斗志和潜能，同时也可以避免"近亲繁殖" 3.挑选人才的余地大 外部招聘的人才来源广，挑选余地大，招聘到优秀人才的概率更高，尤其是一些较为稀缺的复合型人才	1.容易"水土不服" 由于外部人才对企业文化、工作流程不了解或者了解不够透彻，容易与之前的工作习惯导致冲突，所以外部人才来到企业，很可能出现"水土不服"、才能无法施展或施展受限的现象 2.打击内员工的积极性 从外部招聘人才可能会打击企业内部一部分有上进心和进取心人才的积极性和自信心，因为这部分人有可能误以为企业对内部人才的发展不够重视 3.成本高 从外部招聘人才，一方面有一定的招聘成本，如需要花较长的招聘时间，以及需要找第三方招聘公司协助产生一定的招聘服务费等；另一方面新招聘员工到岗后，需要花费较长的时间才能了解岗位职责和工作流程，一定程度上导致了成本的上升

7 掌舵引航的领导力

项目经理必须具备的关键技能之一是"领导力"。在项目中项目经理指导、激励和带领项目团队运用所需的知识和技能，达成项目目标。作为领导者要营造信任氛围，增进相互关系的前提下开展工作。领导项目执行这一过程充分体现项目经理的领导力，因为世界上没有一帆风顺的项目，总会有影响项目前进的人和事。因此，项目经理必须要练就掌舵引航的能力，只有这样，才能引领大家向一个目标努力，共同打造项目。

【案例】

为应对外部快速变化的市场环境，M公司总部在上海，希望进行数字化转型，由于8A公司在数字化转型方面非常专业，因此M公司希望请8A公司做这次数字化转型咨询落地的项目，经过8A公司项目管理委员会主任米亚引荐，罗宾成了M公司这个数字化转型的项目经理。罗宾深耕企业数字化转型和创新多年，是一位出色的资深项目经理。

数字化转型项目需要全面分析公司业务，涉及多个部门，该项目需要多个部门的人员参与，产品部、市场部、运营部、财务部及工厂等，罗宾很快开始组建项目团队：产品部、市场部、运营部及财务部负责人非常认可该项目的战略意义，很配合罗宾的用人需求，均调整安排了合适的人员到此项目。开发部虽然开始遇到了一些资源紧张的问题，但很快经过PMO的协调，开发人员也到位了。

表1-3 项目团队成员

部门	岗位/角色	姓名
产品部	业务专家	唐硕
市场部	业务专家	储衍
运营部	业务专家	张雯雯

续表

部门	岗位/角色	姓名
财务部	业务专家	雪莹
工厂	代表	张宝泉
开发部	客户端	陈文亮、吕青
开发部	服务器逻辑	杨波
开发部	服务器逻辑	吴凡
开发部	服务器后台	李浩哲

随着项目成员的到位，罗宾设置了定期的项目周会。罗宾召集了团队成员举办了第一次的项目组周会。由于团队成员分布在不同的城市，这次周会是远程在线的方式。

罗宾早早地加入了会议，调整好了电脑的摄像头、耳机、麦克风等。今天的会议内容也提前准备好了。今天是项目启动后项目组的第一次会议，罗宾也设计好了今天的会议议程：

- 团队成员互相介绍。
- 项目团队基本规则。
- 项目目前状态、高层级项目目标、交付成果、时间计划等回顾。
- 项目下一步行动计划：RACI、制订各项目具体计划。

很快，项目团队成员陆续加入会议，罗宾是第一个入会的，所以他跟每一个加入会议的人都问好了，也打开了摄像头，所以大家都看到了他那兴奋、充满激情的笑脸，大家都放松了很多，也打开了摄像头。

人到齐了，罗宾首先发言："大家好，我是罗宾，我是我们M公司数字转型项目的项目经理。很高兴能够加入项目团队跟大家一起共事，我非常期待。今天是我们项目组的第一次会议，大家都能看到我的屏幕吧，这是我们今天的会议议程，我们开始第一项议程。我先自我介绍吧，我是项目经理罗宾，我来自8A公司，算起来加入8A公司有8年多了，专注项目集、项目管理，同时深耕于企业数字化转型和创新多年，比较擅长于企业数字化转型落地项目。

我加入这个项目是希望能够应用我的专长跟大家一起成功交付M公司这个重要的战略转型项目，也希望了解和实施更前沿的数字化转型工具和流程……这是关于我的工作方面。另外，我也想跟大家分享我的兴趣爱好，我比较喜欢运动，如爬山、打羽毛球等，我经常带着女儿去爬山，她现在已经上小学了，大家有共同兴趣的可以组队爬山、打羽毛球……非常荣幸担任我们这个项目的项目经理，也很期待接下来跟大家的合作。"大家听完感觉特别亲切。

市场部的储衍第二个介绍自己："大家好，我是M公司的储衍，我来自市场部，我加入M公司也有8年了，在市场部有轮岗过不同岗位，所以我对市场部的流程系统都非常熟悉。数字化转型我很早听说了，也看到我目前部门的一些流程工具还是比较落后的，我希望参与这个项目帮助我的部门应用先进工具，让我们部门流程更优化从而提升效益……我家在上海，我们家有两小，也算儿女双全……"

接下来是产品部唐劼，运营部雯雯，财务部雪莹，开发部文亮、吕青、杨波、吴凡、浩哲等几位同事。期间不断有欢声笑语，比较轻松愉悦，有找到共同兴趣的共同背景的，大家的距离拉近了很多。

紧接着，罗宾也开始了第二个议程，团队的基本规则："互相尊重、互相理解、互相信任和支持是我们的第一条规则，我们都是为着共同的项目目标一起工作的战友。第二条是关于参加会议的几点要求：请准时，不能参加必须提前通知会议组织者；会议问题讨论请就事论事，实现共赢；如果是头脑风暴会议，请每人必须发言。第三条是关于进度和问题汇报：请大家每周一内填好上一周进度汇报表，出现问题无需等到周会，必须当天汇报，而且要有做前期影响分析及建议方案……请问大家有没什么疑问的地方或想补充的点？"罗宾说完也停顿一下给大家消化反馈。

"休假如何申请？安排了其他项目工作的日程表有变化也是发给你吗？"开发部杨波问道。

"谢谢杨波的提问和补充，少于3天的休假除了紧急情况，请提前至少24

小时申请，如果3天或以上的假期请根据项目工作安排并提前至少一周申请。如果其他项目日程表有变化也务必尽早与我沟通，必要时候我需要跟对方项目经理协商安排。我也把这一条放到基本规则里吧。"罗宾回答。

"我赞同，我没有问题了。"杨波也很快回应。

"我赞同这些基本规则，没有问题。"雪莹也回应。

"我也赞同，没有问题。"

……

大家都达成共识，通过了这些基本准则。

"今天会议的第三个议题是，我们项目目前状态和项目高层级目标、交付成果、时间计划回顾。那么我们项目现在是刚刚启动阶段，虽然还没有具体信息，但项目的高层级目标和关键信息需要大家理解透彻并达成共识。高层级目标，利用数字化手段帮助公司各部门流程标准化、自动化、智能化、提升效能和内部控制的有效性，成本降低是一方面，另一方面也是满足公司业务不断扩张的需求，这个就是我们的共同目标。我们项目是管理层非常重视的一个项目，是为实现公司战略目标的其中一个项目……"

这一次项目周会很成功，大家都熟悉了，项目目标也很明确，很期待接下来的合作。

【案例分析】

明确共同目标，营造信任氛围，促进团队协作。

一般团队建设都要经历组建、磨合、冲突、成熟、解散等阶段。在项目组建阶段，团队成员之间的信任就要从组建期开始建立起来，而且必要的基本规则也要建立起来使团队成员对什么行为是合理的有共识。卓越领导者要营造信任氛围，增进相互关系的前提下开展工作。强调共同目标也非常重要，一个团队，一个目标，一起战斗。

案例中，项目经理罗宾在项目团队刚刚组建的时候，开始建立互相信任，并强调大家的共同目标，"大家抱团取暖才是项目成功的康庄之道"，需要互相协作、互相支持。项目经理带领团队执行项目时也要了解团队成员加入团队的需求，努力寻求团队成员个人需求或目标和项目目标的共同点，实现共赢。团队成员需求无非几个：加入项目能提升自己或自己团队业绩表现（为自己部门带来好处）；加入项目能提升锻炼自己的能力；在项目团队工作很快乐等。终极目标：项目成功了，大家有了好的业绩表现，成员通过项目成长了，大家一起工作是件快乐的事情。

8 周密规划，顺势而为

一个成功交付的项目，成功的关键是要有计划，在规划过程多下功夫，这样才能磨刀不误砍柴工，项目团队（至少项目经理的直接上层，项目经理和核心项目团队）需要重视项目规划，根据项目规划过程中需要的知识，把各活动做细，这就是为一个项目成功交付打好坚实基础的关键过程，从而大大减少偶遇突发事件的发生。我们如何顺应项目本身的属性和特点，选择合适的项目管理方式？目前比较主流的是瀑布式和敏捷式，但每一个项目如何选，其实没有标准答案，有可能也不是单选题。

【案例与分析】

小雪从罗宾老师那里领了活回来之后，兴致勃勃地打算开始对8A项目做一个进度规划，她翻开了8A项目的章程，又特意找到上周项目范围研讨会的会议纪要，对照着项目章程中提到的交付目标研究了一番。

8A公司制定了公司转型的战略目标，并通过实施项目来达到；项目的路线图计划如下，分三个阶段实施。

第一阶段：开发在线培训的App。主要功能：线上视频课程，实现线上购买，并且服务信息能够得到存储和记录。App 计划在 6~8 个月上线。

第二阶段：录制目前的配套咨询课程，并配合 App 的开发计划，分批次同步到线上。课程录制预计 2~3 个月时间完成。

第三阶段：阶段二完成后，再开发针对个人用户的新课程。

小雪总结项目的几个关键点：

（1）这是公司第一次上线此类的产品，公司管理层对此非常重视。

（2）开发总监和产品团队决定使用敏捷开发的形式。

（3）项目的人员还没有完全到岗，目前 HR 还在和罗宾老师正在协调中。

回想罗宾老师提到的项目规划的第一个步骤，感觉清楚了两点，但对如何"借鉴之前的经验"有点不清楚。这时刚好看到罗宾老师过来，她决定再去求教一下罗宾老师，该怎么迈开这比较关键的第一步。罗宾老师听完小雪的分析和疑惑，决定给讲讲如何借"前车之鉴"。

罗宾老师说："通常在开始规划项目进度时，我们会考虑一下这个项目生命周期的特点，就像你刚刚提到的那几个关键点，然后根据不同类型的生命周期可以更好地开始工作。我们不妨先看看常见的项目生命周期都有哪些，它们各自的特点是什么，然后再看看我们的 8A 项目究竟是哪种类型，怎么规划我们的项目进度吧。"

第一种是**预测型生命周期**。

这种模型适合需求明确的项目，要求在项目生命周期的早期就确定项目范围及所需的时间和成本。这种项目生命周期模型对行业经验和实践比较了解，同时对交付的产品、服务和成果有比较清楚的认识。预测型生命周期类型涵盖了很多软件开发模型和方法，比如**瀑布模型**。

第二种是**敏捷型生命周期**。

这种模型适合创新型项目，注重反馈和快速反应，比如适用于需要应对快速变化的环境，需求和范围难以事先明晰或方便定义较小的增量改进的情况下。在软件产品开发领域，这种项目生命周期应用得非常普遍，例如**敏捷**

开发模型。

第三种是**迭代与增量型生命周期**。

这种模型同时采用迭代和增量的方式来开发产品。迭代是通过一系列重复的循环的活动来开发产品。增量是渐进地增加产品功能。这种生命周期模型适用于组织需要管理不断变化的目标和范围，或是组织需要降低项目的复杂性，以及产品的部分交付有利于一个或多个相关方，且不影响最终交付。

罗宾老师继续说道：

"预测型项目生命周期，需要先设计好要做的产品，然后再实际去做，做的过程中一般不进行实质性的变更。如果想变更，必须进行严格控制。

"敏捷型项目生命周期，在每个迭代期都设计并生产出能满足用户当前需求的产品原型，并在下一个迭代期根据用户需求的变化，完善产品原型，相当于边设计边生产。

"大型复杂的项目通常采用迭代型项目生命周期来实施，这可使得项目团队在迭代过程中综合考虑反馈意见和经验教训，从而降低项目风险。"

说到这里，小雪自言自语："我们的8A项目究竟是三种的哪一种呢？8A项目看着好像和哪种都沾一点边呢？"罗宾老师赞许地点点头。

虽说我们定义了三种项目生命周期模型，但实际上一个项目很难说只完全适用于一种生命周期模型，即便是选择了某种生命周期模型，也可以根据项目的实际情况，适当借鉴其他生命周期的管理方式。例如，在一个大型的组织中，可能同时存在小规模（较为简单）的项目和中大规模（较为复杂）的项目，这时候很可能会用到预测型、适应型或迭代与增量型其中几种方法的混合。

总之，项目生命周期的定义和方法是"死"的，但负责项目管理的项目经理这个人是活的，不论你的项目是套用一种还是混合的项目生命周期模型，我们作为项目经理在规划进度时候需要思考的步骤还是必不可少的，更多的是需要根据具体情况来灵活运用罢了。

小雪恍然大悟，看来我们的8A项目是可以考虑主要以适应性项目周期为主了，因为我们希望可以用敏捷的开发方式，同时公司这次对我们的项目又有明确的预算和时间把控，大致的范围也比较清楚，感觉也有点像预测型。

罗宾老师说："你分析得不错，你是不是可以开始第二步了呢？"

二 ▶ ▷ 项目需求、范围和变更管理

一个项目即将启动，就已先初步估算出"矿山"有多大，需要多少人，花费多少成本，什么时候交付，从而让客户满意。所以，我们要不断明确这个"矿山"的含金量，金子再多也要量力而为，控制好各种变更，让整个"挖矿"过程中都在合理的可控范围，这是一门管理的艺术。

1　清晰定义项目范围

项目管理比较难，难在大多数时候项目的交付范围不能清晰地定义。同样的项目目标，但是在不同的组织实施，会因为战略的差别，内外环境的不同，项目相关方的预期千差万别，导致项目的交付范围完全不同。如何做好项目范围的管理，非常值得项目经理思考。

何为项目范围管理，笔者认为比较接近现实情况的说法是，定义和控制哪些工作应该包含在项目中，哪些应该排除在外，并管理确保项目成功所需的全部工作。

项目启动初期，定义项目的范围非常重要。项目是渐进明细的，涉及的组织、内外部环境、项目相关方等方面都有可能出现变化，项目的范围必然会有变化，我们要接受这个现实。项目范围在变，但是项目管理的原则不会变，以不变应万变，通过科学有效的方法和手段，在有效的时间和资源条件下，协同多方达成项目目标，才是项目管理的价值。

一般来说，项目范围管理会遵循六个过程：规划范围管理、收集需求、定义范围、创建WBS分解需求、确认范围、控制范围。这六个步骤环环相扣，我们在做范围管理的时候，需要逐步推进，全面考虑。而非仅仅关注其中一个或者某几个的过程，确保整个流程闭环。

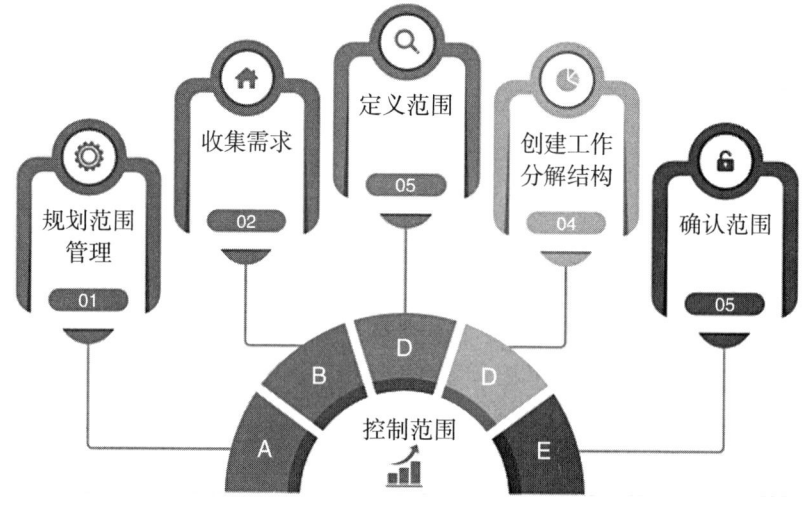

图2-1 范围管理六过程

【案例】

8A公司为应对外部快速变化的市场环境，确定了试水在线教育的战略方向，经公司高层决策，启动了数字化转型咨询的项目，并把该项目确定为今年需要完成重大项目。希望通过该项目，全面分析公司系统割裂和数据分散等问题，识别业务协同的痛点，规划落地场景，作为未来3年重点推进的方向。

正因为该项目涉及多个内外部部门，公司高层特意任命罗宾担任项目总负责，他曾主导公司内部多个IT实施项目，有丰富的流程改造经验。

8月项目正式启动，在项目启动会上，各业务部门的负责人对项目态度不一。财务代表彭杰妮对项目非常支持，并且有很大的预期，希望能够用数据驱动更有效的财务管理，以及时发现公司的潜在财务风险；市场代表雨晴最近一直忙着冲刺今年的销售目标，忙着制定年底的销售激励策略，会上提了希望拿到更多的市场数据，听到财务代表表达了对项目的强诉求后，在表达上有些犹豫，估计是担心财务管理收紧对销售激励的影响；制造代表贾珍，最近因为供应链的问题，导致生产受到较大影响，仅仅参与会议前半段，就离开了。

需要4个月完成咨询项目，时间紧迫，大家对项目未来的方向都不明确，尽快确定项目范围成了第一要务。

由于8A各个业务部门的态度不一致，罗宾作为项目经理，做了全面思考。财务部门、市场部门、制造部门都是公司的核心部门，在高层重视的重大项目上的启动会上，都没有对项目达成一致，直接进一步沟通，可能收效不大。他没有第一时间跟各个业务部门的负责人做进一步沟通，收集他们的需求。

他与业界知名数字化转型咨询的A公司联系，快速引入A公司业务咨询专家，首先拉通项目组与A专家做了一次专题会。专家介绍了其他公司的咨询实施流程、咨询实施的范围如何定义、需求如何管理，针对专家反馈的实施建议，并基于此与项目组成员确定了范围管理计划。范围管理计划中，明确通过规划专家与业务部门引导式研讨会、问卷调查，以及参考其他公司的案例方式确定需求收集方式，通过召开公司管理层评审决策会议，投票确定咨询的业务部分范围。后续进一步通过业务部门调研，细化工作项，进一步实施。

考虑项目交付过程中，业务部门可能有新想法及需求，罗宾基于其他项目的实施经验，制订了需求管理计划。前期完成调研确定需求清单，与业务部门完成评审沟通后实施。考虑业务部门可能有需求变化，规划每周二召开需求评审会议，定期评审，避免需求实施与业务部门出现较大偏差。

罗宾通过规划项目管理，确定了项目的范围管理计划和需求管理计划，为后续的项目管理打下了良好的基础。

【案例分析】

在项目的管理过程中，很多时候项目相关方对项目的态度不明确，导致范围不容易界定。面对这种情况，我们不能急着与多方确定需求，而是先明确范围，后续才能高效地推进项目。

欲速而不达。《孙子兵法》有云："**智者于先谋后定。**"项目范围管理，先谋是做什么呢？有句话说得好："没有规矩，不成方圆。"对应项目范围管理，首先就是要做好**规划范围管理**。这里的规矩，指的是确定范围管理的机制，管理机制一般包含两个重要的指导文件：**范围管理计划**和**需求管理计划**。两个重要文件能够为后续的范围管理提供相应的行动策略的指导。

表2-1 范围管理计划和需求管理计划

范围管理计划	描述如何定义、制订、监督、控制和确认项目范围 主要会包含如下内容： - 如何制定项目范围说明书 - 如何根据项目范围说明书创建WBS - 如何批准和维护WBS - 如何确认和验收项目的交付成果 - 如何处理项目范围说明书的变更，指导项目的变更管理
需求管理计划	描述在整个项目生命周期内如何分析、记录和管理需求 主要包含如下内容： - 如何规划、跟踪和汇报需求。例如，需求管理团队的组织方式、汇报制度、会议制度等，需求的评审流程 - 需求管理需要的资源 - 项目干系人参与需求管理的策略 - 项目范围与需求不一致时的判断准则和改正流程 - 哪些需求跟踪信息应该被收集和整理，一般会用到需求跟踪矩阵

范围管理计划和需求管理计划的制定过程中，有三板斧：找专家，看数据，开好会。

专家判断非常有用。引入内外部专家，将专家经验引入整个项目的范围管理规范。例如，专家将已有项目经验引入项目范围管理计划和需求管理计划中，对需求管理团队的成员给出建议。

数据分析能够从已有项目经验中，裁剪数据，结合组织过程资产中的其他项目经验，指导后续的范围和需求管理实际的工作。

除了专家判断和数据分析，开会这个工具绝不能忽视，虽然案例中罗宾没有专门通过会议来规划项目范围管理，但是会议沟通是能够有效地快速获得多方意见，帮助确定范围管理的规范和流程。

有句话说得好："为人进退有度，行事先谋后定。"做项目范围管理也是如此，做好项目范围管理规划，后续在项目管理中，能够更好地进退有度，达成项目目标。

2 取舍项目需求

项目启动的驱动力来自组织变革。项目启动后，首先需要明确的是项目交付范围。项目的范围来源于给项目相关方的需求，**有效地获得真实的需求，并将需求进一步细化，在后续阶段落地成为项目范围文档（一般称为项目范围说明书，或项目工作说明书），指导后续的项目交付，尤为重要。**

需求收集做不好，后续的项目范围管理会有很大的挑战，可能会需要通过较大的项目变更，增加巨大成本及资源上的投入，才能达成预期的目标。

【案例】

8A公司计划进行咨询业务的数字化转型，提供在线教育产品的服务，为了保证这个战略项目顺利落地，在制订项目范围管理计划和需求管理计划后，项目负责人罗宾开始组织项目组成员启动了项目需求的收集。

由于涉及部门众多，罗宾采用多种方式，获取公司各部门的需求，PMO将设计的调查问卷发放到了市场、运营、财务、出版、人力和供应链等多个部门。这些问卷问题非常有针对性，仅仅一周，项目组从公司各部门的核心成员收到了200多份问卷反馈，很快获得了多层面的第一手资料。

罗宾组织各个业务部门，在专家的指导下，完成了多场业务调研会议。

财务、市场、人力、制造、运营服务等部门参与了多次共创工作坊。在共创工作坊上，项目组和各部门代表在专家的引导下，将业务上的痛点深入剖析。会上各个部门的代表畅所欲言，前期对项目态度不明确的制造代表贾珍和市场代表雨晴在这次的工作坊上也表达了解决业务诉求的强烈需求。罗宾通过专业的引导方法，让大家充分表达观点，各自完全理解他人观点后，通过多轮投票的方式，确定了最需要迫切解决的十大需求。

项目组在这一轮需求收集后，进行了梳理，向高层汇报，公司管理层决策会议中，通过集体决策，确定数据共享、业财一体化和人力共享三大需求，作为接下来一年需要实施的业务场景。

整个项目需求收集的过程高效，得到参与项目人员的认可。

【案例分析】

需求各种各样，项目需求管理中，也有很多种工具，各个工具都有各自的特点和独特的优势。用好这些工具，有助于全面获取项目相关方的真实需求，快速收敛到项目可以实施的范围中。

在收集需求的过程中，需要通过数据收集、分析和决策，最终形成项目需求文档，支撑后续项目的范围管理。

1 数据收集
获取需求数据

2 数据处理
分析和展现需求数据

3 决策判断
整理和收敛需求

图 2-2　收集需求过程

收集需求的基础是需要数据收集。下面几种常用的数据收集工具，在收集需求中非常有用。

表2-2 收集数据工具

工具	特点	有效前提
头脑风暴	面对面，快速产生大量创意需求，但是容易不客观	团队环境，有引导者引导
访谈	直接交谈，获取正式和非正式的信息。通过提出预设或者即兴的问题，有助于识别和定义需求，也可以获取机密信息	有效记录访谈成果
焦点小组	召集预定的项目相关方和专家，了解期望和态度	由受过训练的主持人引导互动式讨论
问卷调查	设计一系列书面问题，向众多受访者快速收集信息	适用受众多样化、需要快速完成调查，适合开展统计分析
标杆对照	与其他组织的产品、过程的实践做比较，识别最佳实践，提供参考	能够识别出可以比较的产品、过程和实践
名义小组	团队针对问题或难题，提出各自想法，集体讨论至全员清晰理解，投票的方式排列最有用的创意	明确问题和难题，针对问题全面探讨后，投票决策

人际关系和沟通技能，在需求收集的过程中，也非常重要。通过有效的人际关系和沟通技能有关的方法和工具，甚至能够从核心相关方获得影响项目成功关键的需求数据，为项目范围管理打下良好的基础。

表2-3 收集需求工具——人际沟通技能

工具	特点	有效前提
观察与交谈	直接观察个人在各自环境中如何执行工作和实施流程	从旁观者的角度识别流程或程序的实施，挖掘隐藏的需求
引导	通过有效引导团队活动，成功达成决定、解决方案或结论	参与者有效参与，互相理解，能够按照既定决策流程全力支持得到结论或成果

数据收集完成后，需要进一步进行相应处理，经过处理的结构化需求数据，能很大程度提升后续的需求决策和判断的效率。下面是几种数据处理的

常用工具。

表2-4 数据处理工具

工具	特点	有效前提
数据分析	通过特定方法，基于项目特定环境和背景，分析相应需求数据 常用的形式有备选方案分析、假设场景分析	相关方的有效参与，与具体项目环境结合
数据表现	将数据通过归纳分组、或结构化的形式展现，帮忙后续有效判断和决策 常用的形式有亲和图、思维导图、流程图、因果图等	将需求信息，结构化地展现
原型法Prototype	交付实际产品前，先产出原型，征求需求的早期反馈	需要及时有效与项目相关方（尤其是核心相关方）及时沟通确认原型
系统交互图	通过可视化的描绘，显示业务系统间、业务系统与人之间的交互方式，以有效识别系统需求	全面识别和清晰描绘系统间关系、系统与人之间交互方式

需求的整理和收敛，专家判断和决策这两个工具必不可少。

表2-5 需求整理和收敛工具

工具	特点	有效前提
专家判断	基于某应用、知识领域、学科和行业等的专业知识，做出合理的判断	具有专业学历、知识、技能、经验或培训经历的小组或个人
决策	投票（一致同意、大多数同意、相对多数同意） 独裁型决策 多标准决策分析（决策矩阵）	基于项目环境选择合适的决策方式，快速达成共识

上述提到的访谈、调查表、头脑风暴、竞争对手和产品分析等工具都是需求收集的方法。工具知识是表面的，我们需要明确，**需求收集的目的是搞清楚用户真正的需求，问题背后的深层次问题，这样才可能为挖掘需求提供数据，将需求收集的过程流程化。**

收集需求过程中，非常重要的是必须需要有分析整理。需求万千，需要有所侧重。

通过研讨会议、问卷调查、产品分析等有效方法收集并确定需求清单后，再把需求分成不同的种类，和项目的目标做匹配，需要进行分析整理，进一步细化，为后续项目范围的定义打下坚实的基础。

有句话说得好："海纳百川，取则行远。"**全面且高效地完成需求收集，加上有效且有侧重的分析和决策，能让项目范围能够有效的落地实施。**

3　全程跟踪，件件反馈

项目需求多且杂，如何在项目交付过程中，有效管理复杂的需求，一直是项目管理的挑战。很多时候项目经理会不知从何下手、手忙脚乱，漏掉各个项目相关方的需求。

在评价项目经理时，大多数时候我们会问这个项目经理靠不靠谱。**靠谱这个关键词，其实代表着项目经理能够全面地管理各方的预期和需求，有效跟踪需求进展，最终推动项目目标的达成。**

如何确保各方的真实需求能够有效理解和记录，并且会持续在项目的实施过程中得到有效的跟踪，非常值得探讨。

【案例】

8A公司数字化转型项目在有条不紊地推进中，在前期需求收集阶段，项目经理罗宾通过各种方法（问卷调查、观察和访谈、名义小组、专家判断和决策等）收集到了公司数字化转型中数据共享、业财一体化和人力共享三大实施路径场景的需求清单。接下来，项目经理罗宾开始组织项目组的业务架构专家成泓梳理项目**需求文件**，确保需求得到全面理解，为后续范围和需求管理打好基础。

在需求文档中，对三大实施路径场景需求的目标、业务影响、涉及的部门和需要建设的系统功能等信息做了详细的描述。

数据共享的目标是整合8A公司的所有数据资产，将公司战略层、决策层给出的年度总目标，用数据驱动的方式拆解到各个部门的工作场景中，最后形成生产及经营数据；再通过及时整合生产及经营的数据，反哺业务；同时通过可视化的展示，为公司管理层决策提供有效的参考依据。雨晴希望将市场部门某产品销售额2000万元的目标，通过数据共享方式，拆解为生产、运营、供应链各部门的具体行为，通过周期数据成果，快速驱动内部业务调整。这一核心的数据共享需求，被作为一个核心需求项，整合至需求文档。

业财一体化场景因为涉及业务的部门和流程较多，在需求文件采用流程图进行表达，并记录其中的流程中关键节点。将业务如何和财务结合业务关键场景，编写成用例。

人力共享场景实施对各部门的影响较大，人力资源的协同使用涉及多个部门，所以在产品需求文档确认过程中，罗宾、咨询专家成泓与各部门多次沟通他们的需求，全面分析对各个部门的影响，将各部门收集和梳理的功能清单和流程，在需求文件中分门别类，并且列出需求的依赖关系和假设条件。需求文件在输出的过程中，与各个部门多次确认。当制造代表贾珍在讨论的需求文件中，看到供应链部门的对某类供应链原材料的采购人员的人力资源需求后，感叹："这些需要的经验，其实内部制造团队就有合适的匹配人员，这样一份清晰并且明确的需求文件太重要了！"

经过多轮公司内部多部门间的讨论和汇报，项目组最终输出了一个较为全面的需求文件。需求文件仅仅全面地描述各项需求的背景、业务影响、内外部依赖、功能清单等信息，不足以后续有效地跟进。罗宾开始与项目组整理输出一份非常重要的文件——**需求跟踪矩阵**。

在前期业财一体化的需求中，销售部门和采购部门，都提到外部伙伴收付款账期的问题，不管是销售和采购上，都会因为伙伴的付款账期，影响公司的现金流。由于需求涉及的部门众多，市场代表雨晴和采购代表对这一需求如何在后续项目实施过程中得到有效落地表示担忧。

这时候罗宾和业务专家，协同推动项目组输出了需求跟踪矩阵。在需求跟踪矩阵中，清晰地描述了销售和采购提出的需求内容，并将需求的背景和来源进行了详细的描述，列出了需要达成的目标；更重要的是，将需求拆解到具体的WBS（工作分解结构）的工作任务中，包括财务系统的升级、采购审批和月度付款节奏的调整等；在项目完成的可交付成果上，明确包含针对各个部门不同维度财务透视表的内容；此外项目各关键节点的跟踪成果，也做了详细说明，这些说明不仅仅是咨询项目中蓝图设计的产出物，还包含后续项目中系统开发、产品测试、运维保障和运营过程中的成果说明。

在看到需求跟踪矩阵中的清晰展示后，市场部代表雨晴和供应链代表林杰不禁感叹："有罗宾的专业项目管理能力，还有有效的项目需求和范围管理工具，后续项目实施稳稳的！"

【案例分析】

在上述案例梳理项目需求清单的过程中，列出了两个项目关键文档（**项目需求文件和需求跟踪矩阵**），这两个文档的侧重点各有不同，在项目范围管理中非常重要。在此进一步讨论这两个文件。

（1）需求文件

需求文件的关键词在于"记录"。

表2-6 需求文件介绍

目的	清晰描述项目的需求，作为后续项目范围管理的基础
主要内容	需求文件主要包含如下内容，但因为项目背景和复杂度的不同，可能会做相应裁剪 ● 背景：项目的发起原因、解决的问题、预期目标 ● 业务影响（涉及的部门、系统、流程等） ● 需求涉及的功能（包含功能性需求和非功能性需求） ● 需求涉及的核心系统边界和其他系统的关系（系统架构图） ● 系统需求及权限配置 ● 项目的假设和依赖 ● 项目风险 ● 项目发起人和相关方针对该文档的批准书面证明
负责角色	在项目的初期，项目组会有专门的需求分析专家负责协同多方输出项目的需求文件。这个角色，在不同的组织或公司有不一样的称呼。业务架构师（Business Architects）、商业分析师（BA – Business Analyst）、产品经理（PD – Product Director），都可能会被定位为需求文档的负责人。不管被称为什么样的角色，目的都是为了明确项目相关方的需求，并记录为需求文档，作为后续项目实施的基础

（2）需求跟踪矩阵

需求跟踪矩阵的关键词在于"追踪"。

需求跟踪矩阵是把产品需求从其来源连接到能满足需求的可交付成果的一种表格。**使用需求跟踪矩阵，把每个需求与业务目标或项目目标联系起来，有助于确保每个需求都具有商业价值。**需求跟踪矩阵提供了在整个项目生命周期中跟踪需求的一种方法，有助于确保需求文件中的每项需求在项目结束的时候都能交付。需求跟踪矩阵还为管理产品范围变更提供了框架。有效管理需求，也可以帮助我们快速查找、记录、组织和跟踪系统需求变更。

表2-7是一个需求跟踪矩阵模板供参考。

表2-7 需求跟踪矩阵模板

编号	关联编号	需求描述	业务需要、机会、目的、目标	项目目标	WBS可交付成果	产品设计	产品开发	测试案例
001	1.0							
	1.1							
	1.2							
	1.2.1							
002	2.0							
	2.1							
	2.1.1							
003	3.0							
	3.1							
	3.2							
004	4.0							
005	5.0							

在具体项目中，因组织和环境不同，需求跟踪矩阵模板需要做相应调整，依靠"拿来主义"是行不通的。只有符合组织文化制度、管理理念、组织架构的方法和工具，才是真正有效的。

4 识别能力圈边界

我们常说，要知道自己的能力圈，通过有效的方法不断扩展自己的能力圈，做能力圈内的事情更容易成功。项目范围也是如此，要看清项目能力圈的边界，有所为，有所不为。

在这个有所为，有所不为的原则下，定义项目范围尤为重要。范围定义是详细说明到底要做什么的过程。主要作用是明确所收集的需求哪些包含在项目范围内,哪些排除在项目范围外。从而明确产品、服务或成果的边界。成功的项目前期都应制定一个明确的项目范围。

【案例】

8A公司的数字化转型咨询项目的需求文档已经输出,各部门摩拳擦掌,期待项目全速推进。

各个部门的需求多样,若全部都涵盖到项目中实施,项目在4个月内达成项目目标的难度很大,投入的资源、成本非常大。筛选需求,定义项目范围,确保在有限的时间里,项目能够快速推进,成为罗宾在当前阶段的第一要务。

项目需求文档中,每个部门提出的数字化转型咨询需求都在20个以上,涉及业务流程改进、系统数据共享、外部数据引入、业务大屏方案等。哪些需求优先级比较高,哪些需求可以后续建设等,这些范围决策都需要各个部门的反馈。

因此,罗宾和项目组召集采购、市场、制造、财务、人力等部门项目的主要相关方开会讨论。会上,罗宾首先说道:"感谢各位对项目的支持,这次会议的目标是与各位讨论确定项目的核心建设范围。在收集需求阶段,各部门给出了非常有价值的指导意见。当前推进数字化咨询项目实施中,也需要各部门的宝贵输入。每个部门都有近20个需求,我们会有所侧重,希望最终方案是能够解决各个部门最紧迫的诉求。各位从专业角度评估,**项目必须满足的需求是什么,如果没有达成这些需求,我们的项目要么不可行,要么完成不了项目目标,那么这些必须的需求,我们会确保涵盖在项目范围内**。"

罗宾接着说道:"有些需求也很重要,我们会记录下来,会在后续会议中进一步沟通细节。有些大家觉得应该有的需求,我们会咨询业务专家的意见,评估是否应该包含在项目中,并给出相应建议。**有些非必需但可以包含的需求,会进一步讨论实施可行性,在资源允许的情况下,再推进实施。项目需要实施的范围,将由管理层做最终决策**。"

罗宾另外补充道："考虑我们这一阶段是咨询项目，重点在方案设计，指导后续公司数字化战略，涉及数字化系统的采购和实施建设，希望跟大家明确，将会在后期的项目中推进，不会包含在这次咨询项目中。"

会议目标很明确，各个部门负责人也很清楚部门最核心的需求，非常高效地初步决定了项目必须要有的需求清单。为了确保最终项目范围得到业务部门的认可，后续会议也邀请了各部门最终的用户代表（包括制造工厂的车间主任、财务、人事、销售人员等）对咨询项目的实施范围给出建议，确保项目范围是解决最终用户的最核心需求，确保输出的项目范围说明书得到各部门的认可。

经过多轮会议沟通讨论，项目建设范围已在项目范围说明书文档明确。需求跟踪矩阵也随之更新，**矩阵中列明哪些需求包含在项目中，哪些是建议在后续项目中实施，哪些不建议在项目中**。

在准备好相关评审材料后，罗宾组织召开公司管理层会议，对项目最终实施的项目范围进行决策。项目组给管理层提供了详尽的评审文档，项目范围说明书中有详细的需求分析，各个部门重点需要解决的核心需求也做了非常详细的描述，同时需求跟踪矩阵中也给出了需求业务优先级、实施成熟度和可行性建议。参会各个业务部门负责人已经在前期多轮沟通确认了核心需求建设范围，整个决策过程比较高效，管理层决策同意了项目按照范围说明书的项目实施范围，决定后续按照范围说明书推进实施。

【案例分析】

需求众多，容易出现各相关方间的观点冲突，定义范围阶段，需要明确项目最终需要实施的内容，其核心是与项目相关方达成共识。**达成共识过程中，决策非常关键。决策可能来自专家判断，也可能是集体决策**。如果在决策的过程中，遇到多个相关方的冲突。人际关系技能就显得非常重要。针对冲突点，可以设计沟通主题会，通过引导的方式，求同存异，快速达成共识。

项目是由在时间、成本、范围约束下进行的一项临时性工作。项目管理由人参与，在确认范围时，我们不能摆脱人性的本质，想得容易，范围就容易扩散。做加法容易，做减法难。项目需要达成的需求目标太多，时间紧，配置和资源跟不上，项目会很难以达成目标。

范围蔓延是一些失败的项目死结。项目初期定义范围阶段，简单人为、不假思索地加入很多项目需求，想得很美好，但会因为没有按照原则做取舍，会最终导致"收一样，做一样，差一样"，导致项目发起人、项目组成员、相关方都痛苦不堪。

我们要记住，有所为，有所不为，找到项目范围的能力圈。引导相关方认识的组织和项目的能力边界，项目范围需要重点关注解决最核心的问题。

范围定义和决策中，介绍一个有效的工具：MOSCOW分析法。MOSCOW其名称是4个级别的首字母缩写，Must have（必须有）、Should have（应该有）、Could have（可以有）、Won't have（不会有）。

拿到项目需求清单，**按照MOSCOW原则，可以快速聚焦，确定有效的项目范围。**

表2-8　MOSCOW原则

Must have 必须有	必须有。如果不包含，则项目不可行。Must Have的需求或功能，通常就是项目必须要达成的目标，有时在产品交付中，是最小可行产品Minimum Viable Product（MVP）的功能。比如房子就应该四面有墙，有门窗，有屋顶
Should have 应该有	应该有。这些需求很重要，但不是必需的。虽然"应该有"的要求与"必须有"一样重要，但它们通常可以用另一种方式来代替，去满足项目相关方的要求
Could have 可以有	可以有。这些要求是项目相关方期望的，但不是必需的。可以提高用户体验，或提高相关方的满意度。如果时间充足，资源允许，通常会包括这些需求。但如果项目交付时间紧张，通常现阶段不会做，会挪到下一阶段或者下一期做
Won't have 不会有	这次不会有。最不重要，最低回报的事项，或在当下是不适合的需求。不会被计划到当前项目的交付计划中。"不会有"会被要求删除，或重新考虑

当然，也有其他方法，例如，收集需求中用到的工具专家判断、数据分析、决策、人际关系与团队技能，都可以在范围确认中使用。

定义范围的阶段性成果是项目的范围说明书，后续项目实施都会基于项目范围说明书作为基础来推进。项目的范围说明书，一般包含如下内容：

表2-9 范围说明书内容

内容	说明
项目概述	包括项目目标、实施内容、项目实施规模等
工作范围描述	工作范围中详细说明项目承诺交付的产品、服务或结果的特征。在项目建设中，很多项目需求是渐进明晰的，因此，更需要关注项目产品范围，产品描述要提供足够的细节，支持后续的项目规划
整体建设方案	包括系统整体设计原则、整体架构（业务架构、数据架构、技术架构等）
项目的可交付物	明确项目交付后，需要提供产品或服务的各种结果。交付成果可以包括两部分内容，即主要交付成果和辅助交付成果
验收标准和流程	明确定义项目交付后的验收标准及验收流程。文档、硬件、软件、土建都有不同都验收标准
项目组织架构	明确项目各相关方职责，项目后续实施的组织架构
制约因素和假设条件	一般包括政策约束、时间约束、成本约束和其他约束等。假设是项目相关方都确认过，不需验证即可视为正确、真实或确定的因素

5 项目拆解与分配

我们都是宇宙里的一粒尘埃。有句话说得好："一粒沙里看世界，一滴水中见天堂。"完美天堂来自一点一滴的细节。我们怎么找到和堆砌项目的一粒粒尘埃，最终搭建我们的项目管理天堂呢？这个问题要回归问题本质。项目难，难在问题复杂。**问题复杂怎么办，复杂的问题简单化。怎么简单化，做**

拆解。把项目按一定的原则分解，项目分解成任务，任务再分解成一项项工作，再把一项项工作分配到每个人的日常活动中。

这个"把不确定的项目，变成有确定性交付成果的工作任务"的过程非常重要。这个过程，在项目管理中我们通常称之为创建WBS（Work Breakdown Structure），WBS按照英文直接翻译到中文，称之为"工作分解结构"。这个中文很拗口，通常在口语表达都直接用英文缩写WBS。

【案例】

8A公司数字化转型项目经过前期调研，项目的范围已确定，项目范围说明书完成评审通过。进入项目的具体实施阶段，现在需要做的工作是基于范围工作说明书的内容安排项目工作。

项目资源已经到位，准备全面开始项目实施。各个部门都抱有很大期待，财务代表彭杰妮和市场代表雨晴多次问起各自部门的项目的工作如何执行，是否能够给一个全局的任务清单，好后续支持项目推进。

项目需求众多，如何确保所有需求都在项目中细化为具体工作任务，并能有效推进，成了项目经理罗宾在当前的重要工作。罗宾开始着手需求的拆解工作。

各个部门关注点不同，罗宾首先安排对接各个部门需求的负责人。这些负责人由来自各部门的项目组核心成员担任，由他们各自负责梳理相应部门的需求，确保所有部门相应的需求都有专人跟进。对于某些涉及多个部门的需求，由罗宾统筹安排，多个部门项目组成员负责梳理。在统筹的过程中，选择一位主要部门的项目组成员最终负责主导需求任务拆解。这样能够确保所有的需求都有相应负责人跟进。

由于数字化转型的目标是基于数据来驱动业务升级。咨询公司的业务架构专家成泓建议从业务和数据两个维度进行工作拆解，因此罗宾在第一层，将任务分解为，业务咨询任务、数据整合、数据共享任务。第二层，从业务层面按照业务流程改造，新增业务流程拆解成工作任务；在数据层面上按照数据的来源，进一步拆解为新建系统在线化数据任务和升级系统任务。为进一步分解为可以执行的工作包，第三层拆解的过程中，由于每个部门需要推进的工作任务都非常类似，罗宾按照公司的部门进行分解，采购、制造、销售、财务、供应链、运营、人力资源等部门作为第三层的分解结构。罗宾同时提出要求每个部门都要有相应的项目组成员负责，要确保每个工作任务包能够在两周内完成，有利于后续项目细颗粒度的管理。

项目管理是整个项目不可或缺的一部分，罗宾也将项目管理也作为一项WBS任务，专门在WBS中列出，项目管理各项工作，包含项目范围、进度、成本、质量、风险、资源、沟通等相关的各项工作任务，都做了相应的描述。项目整体实施进度计划，项目的沟通计划及项目风险管理计划等工作成果也在任务中列明。

当所有的需求拆解为细化的工作任务后，项目组各负责人专门与各自部门确认可以交付的工作成果，确保每个工作任务都有相应的交付成果，确保工作任务能够得到评估和检验。

最后，罗宾组织项目组成员整合拆解的所有的工作任务，汇总了一份WBS文档。各个部门的需求细化拆解到工作任务，从业务流程改造到数据治理、系统建设，逻辑非常清晰。创建WBS完成后，当财务代表彭杰妮和市场代表雨晴看到逻辑清晰、工作任务可落地推进，可检测验证的WBS文档后，就准备开始推进从业务流程改造工作，开始安排业务流程节点的关键人员做相应支持了。

【案例分析】

分解需求创建WBS，对后续项目落地执行非常关键。有范围，有需求，最终是要落地到项目交付成果。项目可交付成果是通过项目中的工作达成的。这个过程中，首先要识别和分析出项目的可交付成果和相关工作，**按照**

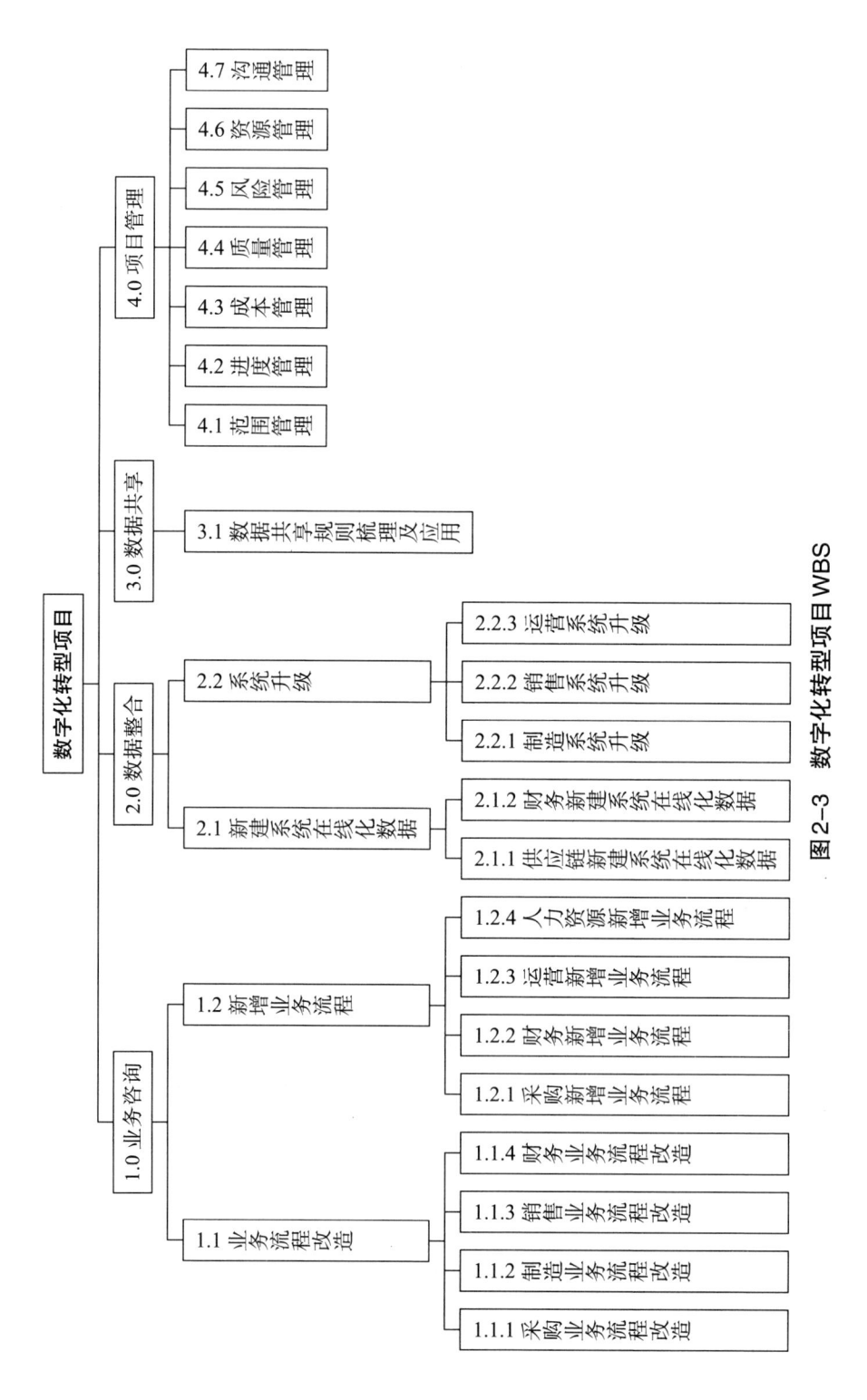

数字化转型项目 WBS

- 数字化转型项目
  - 1.0 业务咨询
    - 1.1 业务流程改造
      - 1.1.1 采购业务流程改造
      - 1.1.2 制造业务流程改造
      - 1.1.3 销售业务流程改造
      - 1.1.4 财务业务流程改造
    - 1.2 新增业务流程
      - 1.2.1 采购新增业务流程
      - 1.2.2 财务新增业务流程
      - 1.2.3 运营新增业务流程
      - 1.2.4 人力资源新增业务流程
  - 2.0 数据整合
    - 2.1 新建系统在线化数据
      - 2.1.1 供应链新建系统在线化数据
      - 2.1.2 财务新建系统在线化数据
    - 2.2 系统升级
      - 2.2.1 制造系统升级
      - 2.2.2 销售系统升级
      - 2.2.3 运营系统升级
  - 3.0 数据共享
    - 3.1 数据共享规则梳理及应用
  - 4.0 项目管理
    - 4.1 范围管理
    - 4.2 进度管理
    - 4.3 成本管理
    - 4.4 质量管理
    - 4.5 风险管理
    - 4.6 资源管理
    - 4.7 沟通管理

图 2-3 数字化转型项目 WBS

MECE（Mutually Exclusive Collectively Exhaustive）原则，**相互独立，完全穷尽逐层进行分解**。分解的粒度，可以基于各个项目具体情况决定。可以参考原则是，分解到每项工作可以作为独立的工作包，作为项目执行计划的基础。

创建 WBS 有四个关键原则。

表 2-10 创建 WBS 关键原则

关键原则	描述
100%原则	即我们提到的 MEMC 原则，完全穷尽地逐层分解，包含全部工作。容易忽视项目管理是工作的一部分。在 WBS 中需要包含项目管理的相关工作
要围绕交付物计划	每个分解的底层任务（也称为"工作包"），都需要明确的交付物，以保证能够检验任务的完成程度
合理控制任务的粒度	WBS 分解到越细，控制力度越强。但是应对变更能力变弱，管理成本增加。合适的分解粒度因不同项目的性质而不同。项目经理需要做整体把握
渐进明细，持续更新	未来远期交付，不明确的任务，作为大块任务放入。当前无法分解的，后续随着项目推进，渐进明细再进行拆解，持续滚动更新

在创建 WBS 的过程中，也可以通过专家判断，基于专家的专业能力及其他项目的管理经验，给出相关建议。专家也可以给出 WBS 基础模板，供项目组成员进行裁剪。

6 范围要可控，但不可死控

渐进明细，是项目的特点。随着项目推进，会出现各种各样意想不到的情况，应对各种各样的变化，需要做好范围控制。

范围控制，不是不允许项目范围出现偏差。项目的范围会有偏差，关键是要寻求控制的平衡。首先，确保项目的需求在控制的过程中不会有遗漏；

其次，确保项目的可交付成果与项目核心相关方的预期一致。

【案例】

8A的数字化转型咨询项目，在需求说明书完成评审确认，开始实施的过程中，随着各个业务部门更深入地参与，时不时有各个业务部门的同事找到罗宾，提出实施的内容与需求说明书中的需求描述有比较大的偏差，需要将实施的内容作出调整。

周一的早上，罗宾收到了市场代表雨晴的电话。雨晴在电话中说道："现在市场部门的数字化转型方案有很大问题，之前在需求沟通阶段，明确提到市场部门希望通过数据共享及时获取产品的供应链仓储数据，更好地支撑市场营销的需求，为什么现在在方案确定阶段，告诉我这个仓储数据无法从供应链部门拿到？当时为什么供应链代表林杰没有提出疑义，现在有这个问题？"

罗宾听完问题后，觉得需要花时间了解一下问题，于是他很礼貌地回应了雨晴："收到了你的反馈，我们尽快拉通相关人员，大家对齐一下各自的诉求，看看现在项目实施范围是否满足你的需求，尽快反馈。"

这个项目范围控制问题，考验罗宾的处理手段。罗宾并没有第一时间联系供应链代表林杰，而是查看项目的需求跟踪矩阵，先确认雨晴的需求是否得到了有效的跟踪。在需求跟踪矩阵中，罗宾确认需求的交付成果是，在业务流程上打通供应链部门的仓储数据供市场部门销售决策，能够做到按周同步仓储数据。

分析完需求跟踪矩阵的内容，罗宾初步判断应该是雨晴和林杰在项目交付成果上的预期有偏差，按周同步仓储数据的业务频度和数据粒度，是否有通过全面沟通，就需要拉通双方来讨论。这个涉及是否需要通过范围变更来满足雨晴的需求。

罗宾组织了一次双方的业务探讨会议，会议前提前跟供应链代表林杰和雨晴单独沟通，并提前了解到雨晴重点关注销售火爆产品的仓储数据共享。

在会上，双方全面分享了各自业务上的痛点。供应链因为涉及大量系统改造，投资较大，暂时无法实时全面分享所有产品的仓储数据。雨晴也提出销售火爆产品缺货是个影响市场影响活动效果的问题，希望能有更实时的仓储数据指导营销决策。

雨晴在会上核心的诉求在于核心爆品产品仓储数据共享的频率上，林杰澄清了现有交付范围已经支撑了产品仓储数据按周共享的需求，爆品的每日销售数据是可以在市场部门的每日报表中有统计。双方进一步沟通后了解到如果需要做到实时统计产品的库存数据，涉及改造的系统不仅仅是供应链部门的业务系统，还涉及市场部门的业务系统，而且爆品的销售数据每天变动。如果在业务流程上，市场部门能够将爆品的每日的核心销售数据提供给供应链部门，结合供应链每周的同步仓储数据，能够产出主要核心仓库的爆品库存，并返回给市场部门决策，能够极大地解决市场部门的诉求。经过多次沟通，雨晴和林杰双方认可了通过业务流程的少量改造，可以达成目标，不需要专门针对仓储数据共享进行项目变更，从而影响项目的成本和进度。

罗宾在项目实施过程中，懂得通过管控相关方的预期，最大化地利用资源，有效地控制了项目的范围，雨晴和林杰的需求都得到了满足。

【案例分析】

范围管理，需要有方法，要懂得收放自如。粗暴的范围强管控，频繁通过变更来控制范围会增加项目管理成本。这里分享两点范围控制方法。

第一，要管好项目范围，管好相关方的预期是核心。

很多时候，我们会简单地认为管理项目范围，是管理好项目需求。在实际项目中，比项目范围管理更重要的是相关方的预期管理。项目是要在一定时间范围内，资源有限的情况下达成目标。那么，项目的范围必然是经过多个项目相关方沟通确认的结果，甚至是互相妥协的结果。

常言说得好："人比事难管。"作为项目经理，很多时候，在组织架构层面上，与相关方不存在上下级的关系。不存在管理层级，管理相关方更是难上加难。可能一个核心相关方的一句话，会导致项目的范围出现巨大的变化。

人不是容易管的，但是管理相关方的预期是有方法和套路的。所有相关方的预期，都是在他所处环境下，基于得到的信息，对项目的判断。作为项目经理对项目也会有判断，拉齐双方预期，信息的及时同步尤为关键。必须要及时有效地同步信息，及时反馈。换个角度，从对方的角度思考，如果希望对方与自己有一样的项目预期，提前全方位思考有哪些信息是要及时同步的，有哪些项目困难是与对方遇到的困难有共通点的，在做相关方预期管理的时候，才能更有效地沟通。

第二，管好范围，时刻谨记资源有限，最大化利用资源。

很多时候，管理项目范围，我们认为与需求、项目工作和可交付成果相关。但回归本质，项目的需求成果是需要资源实现的，这里的资源不仅仅指人力资源，还包含时间、成本、内外部相关方等方面。

我们要接受的现实情况是，项目的资源一定是有限的，而且项目的范围不可避免地会发生变化。当范围变化的时候，不能仅仅是关注需求和工作内容的影响，更应该思考资源的约束。资源在哪里，怎么做调整来适应范围的变化。资源有限，管好范围必然要与进度、成本和人力资源的管理相结合。有一点我们不能忽视，要将相关方的资源利用最大化。有时候，相关方的参与足够后，很多范围管理不能达成共识的问题会迎刃而解。

7 有效应对项目变更

有句话说得好："唯一不变的是变化。"我们项目经理不怕变化，怕的没有应对变化的有效手段。在项目实施过程中，不可避免地会出现变更。如何有效地应对项目变更，非常考验项目经理的能力。项目经理老手和新手之间的差距，很大的部分是来自对项目变更的处理。

从商业角度来看，项目是推动组织从一个状态转到另一个状态，驱动组织进行变更，从而达到特定目标。项目自身就带有驱动组织变更的特性。对项目管理而言，为了适应项目实施过程中各种内外部相关因素的变化，确保项目目标达成，实施项目变更是对变化采取的必要应对措施和行动。当项目发生变更时，有哪些有效手段保障项目目标达成呢，在此，从流程、人、工具三个维度来做一些探讨。

【案例】

8A公司除了数字化转型项目外，其实在多年前就开始在电商上布局，伴随着国内电商发展的大潮，过去5年电商销售额占比逐年大幅提升，已成为非常重要的销售渠道。随着线上用户爆发性的增长，公司的官网、小程序等电商入口已经不能支撑促销期间大流量用户的访问了。电商业务系统升级项目应运而生，罗宾曾主导多个IT系统实施，是公司的项目管理专家，因此被任命为项目经理，全面管理项目的实施。

项目在前期经过非常全面的调研，范围较为清晰，在范围工作说明书中详细列明项目的交付成果，并且按照功能模块拆解成了库存、商品、交易、营销等工作包。

确认项目的范围后，在项目后续实施的过程中，遇到了巨大挑战，电商业务系统每天24小时为消费者提供服务，并且对接了公司财务、仓储物流、销售管理、客户服务等核心内部管理系统。为进一步获取市场份额，公司业务运营部门不定期有特别的促销活动，针对每次独特活动，电商业务系统需要做相应的定制化改造。

项目实施过程中不可避免的需求变更，成了项目成功的关键影响因素。如何有效地管理变更，摆到罗宾的面前，这里变更管理非常重要。

【案例分析】

以不变应万变，变更管理的流程必不可少。

标准化的项目变更管理流程包含：变更申请、变更评估、变更决策、变更实施和变更验证。

- 变更申请：随意的变更实施，会导致项目管理出现很大的问题。变更申请的目的是确保项目变更进入变更管理的控制范围。当确认要进行项目变更时，向项目管理负责人提出变更申请，以触发项目变更管理机制。

- 变更评估：项目团队及项目管理负责人，组织相关专家和相关干系人对项目变更的影响范围进行评估，包括对项目的范围、进度、成本、质量、技术等方面的影响进行全面的评估和分析，并形成变更评估记录和报告。

- 变更决策：变更评估完成后，需要将变更分析评估结果报告给项目建设方和承建方的上级负责人，如果有监理单位的话，也报送给项目监理负责人，并请各方负责人对变更内容进行决策，即决定接受还是拒绝变更。

- 变更实施：对于经各方决策者决定接受的变更，项目经理要组织相关资源对变更内容进行贯彻实施，将变更内容反映到项目的建设任务中，并跟踪管理项目变更的执行结果。

- 变更验证：项目变更实施完成后，要组织相关干系人对变更结果进行必要的检验确认，以确保变更内容得到正确的贯彻落实。

下面是一个典型的变更管理流程，可供参考。

变更主要根因在人，项目相关方参与的管理尤为关键。

我们很容易有误区，变更来自事务或者环境的变化。但是，本质上，可爱又可恨的变更大多数时候来自人。可能来自项目相关方不断变化的想法和

二　项目需求、范围和变更管理

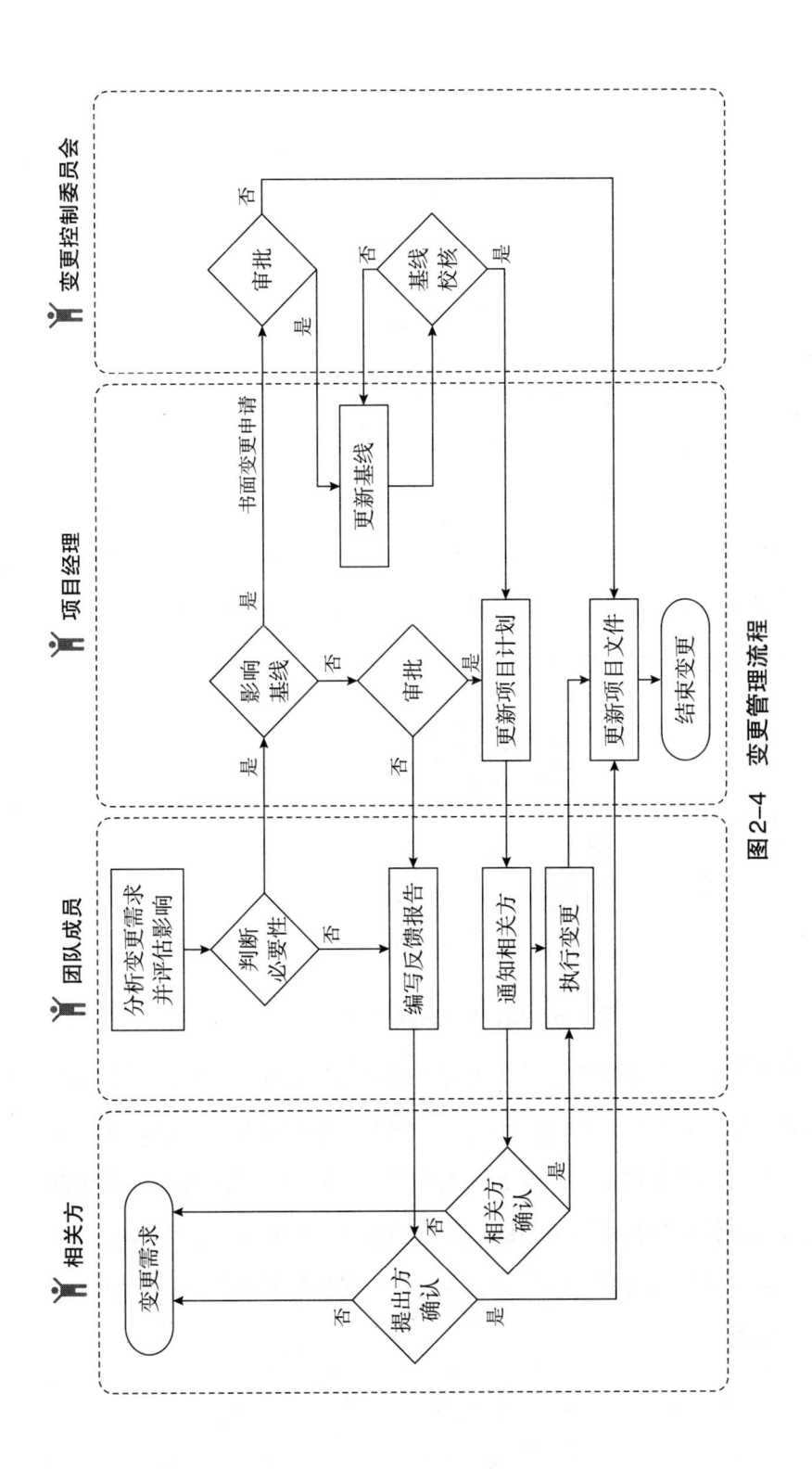

图 2-4　变更管理流程

欲望，也可能来自项目团队成员的技能与项目需求的不匹配，还可能来自项目相关方之间的冲突等。提前管控相关方的预期尤为重要，必须让核心的相关方尽早地全面参与到项目中来。这样才能及时识别各种潜在的变更，作出相应的应对。

8　变更关联多，重在"铁三角"

项目管理经常说三大制约因素，时间、范围和成本。当出现变更时，必然考虑这三大要素产生影响。如果需要再加上一个关键的因素，就是 Quality（质量）。这几大因素构成了项目管理的铁三角。项目范围、时间和成本的管理，最终决定了整个项目管理的质量。

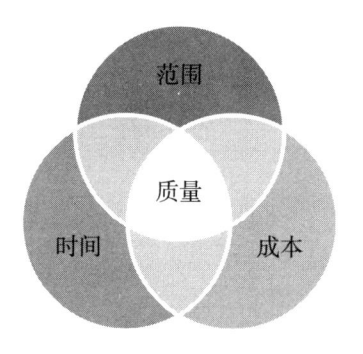

图 2-5　项目管理的铁三角

项目经理在变更管理过程中，首先要考虑对项目进度的影响，进度的达成，是客户衡量项目是否成功的标志之一。同样，变更对范围的影响也要重点关注，如果范围控制得不好，变更会无限增加，从而会带来成本和进度的风险，这样的连锁反应是极为可怕的。如果因为变更管理不当，引起项目预算严重超支或者项目预算严重低估，会导致组织对项目经理的项目管理能力提出质疑和挑战。

【案例】

8A公司的电商业务每季度都有线上活动,创造出大量产品运输需求,导致生产工厂门口会出现因提货出现堵车。最近的堵车影响一位重要客户参观,导致双方高层会议安排受到影响。供应链代表林杰收到CEO的抱怨,要求全面尽快解决问题。

问题的原因是现阶段工厂发货缺少有效的规划,货物生产完成后,货车司机运货的安排都是通过电话或者网上聊天确认。平时仓库运货月台利用率不高,一到季度末,因为冲刺业绩目标,货车一窝蜂地来运货,工厂的装卸货月台有限,工厂门口的货车大堵车,也让工厂苦不堪言。

供应链代表林杰考虑全面将公司货物运输业务流程在线化,通过在线化的方式规划物流,解决因物流规划不合理导致工厂门口堵车的问题。林杰担任项目发起人,启动了物流管理系统的项目,杨凯被任命为项目经理。

杨凯组织多场实地及核心用户调研。在调研完成后,确认了物流系统的整体方案,基于仓库运货月台处理能力规划工厂每天能够承接的货车数量,在线化管控月台使用效率和物流运输计划。工厂产品生产结束入库后,运营人员通过微信、短信在线通知货车司机。货车司机来工厂运货之前,通过小程序提前预约运货时间和月台。仓库提前准备货物出库程序,最后司机按预约时间来装货。

方案确定后,项目快速推进,启动相关系统的开发。项目开始两周后,林杰找到了杨凯,"这个项目CEO王总在重点关注,如果为了仅仅解决总部工厂的货车拥堵问题肯定是不够的,西南和华中两个工厂作为公司重要生产基地,也需要实施,需要尽快推进,避免项目在公司的实施效果受到管理层挑战,考虑不全面。"

杨凯说道:"如果新增两个工厂实施,我们需要全面评估影响,项目的进度有可能会有延期,成本和资源投入都有会有增加,项目组全面评估后,会尽快反馈。"

林杰说："如果在总部工厂实施后，在其他工厂也就是复制的工作，对项目的进度和成本理应不会有太大的影响，我还是希望提前一下总部上线的时间，留出少量时间，让新增的西南和华中工厂按现有计划时间上线，整体评估一下可行性吧。"

杨凯回复："能够理解现在的新增两家工厂上线的迫切需求，项目的成本、进度和范围是互相约束的，项目原有计划是全面考虑的这些约束因素，输出的整体计划。如果项目预算成本不变、项目交付时间不能延期，增大项目范围，整体的质量必然会受到影响，鱼和熊掌不能兼得。我们会输出评估结果，尽快评审决策。"

两天后，一份全面的分析报告送到了林杰和制造代表贾珍的面前。分析报告中，从范围分析层面详细说明了如果需要实施此次范围变更，系统需要增加的功能模块，总部和工厂的业务流程的变化，需要工厂增加的相应资源保障。成本上全面评估了需要增加投入的人力成本，从财务角度也评估了在其他两个工厂实施后，给制造及物流环节带来的财务收益。建议增加的成本，由供应链和制造部门承担。为保证项目质量，在进度分析上，将项目里程碑做了调整，其中重要的一点是增加三个工厂的集成里程碑内容，考虑到业务的紧迫性，总部工厂实施后，后续两周分别上线新增两个工厂。

看到这份详尽的分析报告后，林杰和贾珍希望尽快推进此次项目变更评审，抓紧实施。

【案例分析】

项目成本、时间和范围的同时调整，必然会造成项目质量的严重下降，很容易导致最终项目失败。鱼和熊掌不可兼得。

当项目出现变更时，从项目三要素的角度，需要全面评估整体的影响，及时向内外反馈。表2-11变更分析需要考虑的内容供参考。

表2-11 变更影响考虑因素

项目依赖要素	变更影响分析考虑内容
范围	分析变更对整个项目范围的影响。收集变更的详细信息，识别需要添加、删除、更改的产品或服务内容。需要考虑变更引起的产品分解结构（PBS）和工作分解结构（WBS）的调整。还需要考虑对资源影响，某些情况还需要并调整资源分解结构（RBS）
成本	变更是否会引起成本增加？增加的成本谁来支付？整体分析变更对成本的影响，确定对成本管理计划和总体财务计划进行的任何更改。除此之外，分析中还应该突出项目和组织的财务效益，记录变更带来的正面影响，比如改进的计划、更好的性能、更低的风险、未来的机会、相关方的满意度等
进度	预估实施变更所需要的时间，并评估其对里程碑和关键路径的影响，确定对项目进度管理计划和里程碑的更改

9 打造高效率决策团队

项目变更不能随意，需要先有项目核心相关方的共识，再推进变更的实施。一千个人眼里有一千个哈姆雷特。每个人因为个人的角色和利益诉求不同，再加上接触项目的程度不同，自然而然，会有不同的想法和态度。

变更出现后，项目组会提交变更申请，供变更决策委员会（MOC）决策。观点不一，变更决策委员会的人员选择尤为关键。

【案例】

8A公司的电商业务系统升级项目正在如火如荼地进行，考虑到公司业务流程复杂，涉及多个业务部门，需求无法在设计阶段全面确定。作为有丰富交付经验的项目经理，罗宾在项目规划阶段，组织项目团队拉通了市场营销、运营、电商、财务、供应链多个部门的核心负责人组建了项目变更委员会。

项目管理委员会对项目交付过程中可能的变更联合决策，评估变更申请，

审批变更。

电商系统升级项目采用了敏捷开发的模式，按照每两周一个迭代进行系统开发。决策委员会也按每两周召开一次变更决策会议，希望能够将审批后的变更尽快规划到迭代中。8月的第2次变更评审会议，罗宾出席，这次变更需求涉及接下来4个迭代内容的调整，项目组内部已经做了全面评估，预期会大程度缓解长期困扰电商系统的缺货问题。项目助理小雪将会议评审的资料准备得很全面，并按计划发出会议邀约，希望能快速决策，尽快推进开发上线。但是在某个产品营销方案的需求变更评审上，一直无法得到决策，市场部门、运营部门、电商部门的参会人员各执一词，对需要变更的范围，以及变更执行的方案计划，各自要承担的工作职责有较大的冲突意见，尤其是涉及产品生产效率的保障职责有不同意见，会议上无法达成共识。

会后，小雪感到沮丧，她整理好会议纪要拿给罗宾，罗宾看了看参与决策会议的人员，反问小雪："为什么制造业务代表贾珍没有参会，而是只是邀请了制造部门的某个对接人参会？"

小雪反馈："考虑这个营销方案是市场和营销部门负责，以及电商业务部门支持，就没有邀请制造代表了。"

罗宾再问："这个变更是否需要制造部门的业务流程支持？制造部门对生产的影响力大吗？"

小雪眼前一亮，马上说道："影响力大、利益关系高，并且需要为生产负责，贾珍的参会必不可少，我知道了，我再组织一次变更评审会。"罗宾笑了笑："还有呢，RACI记得吗？"

【案例分析】

案例中为什么有变更决策委员会，按照流程召开的变更评审，却还是无法有效对变更决策。这里我们对变更决策做一些分析和探讨。

我们要记住，**变更委员会必须要选对人，角色对，变更决策才会高效。**

如何能够选择合适的人，有个非常重要的工具：权力职责矩阵。项目经理在管理项目时，头脑中必须要有一个权力职责矩阵。这个权力职责矩阵，有更专业的名称：RACI矩阵。下面是一个RACI矩阵示例。

表2-12 RACI矩阵示例

责任分配矩阵 – RACI R=执行 A=负责 C=咨询 I=知情					
	张三	李四	王五	赵六	姚七
技术架构设计	A	R	I	I	I
业务架构设计	C	A	I	I	R
功能测试	C	I	R	I	A
制订测试计划	R	C	I	I	A
制订成本计划	I	I	C	A	I
变更需求管理	C	C	A	R	I

RACI矩阵中的各自的角色职责和分工，见图2-6。

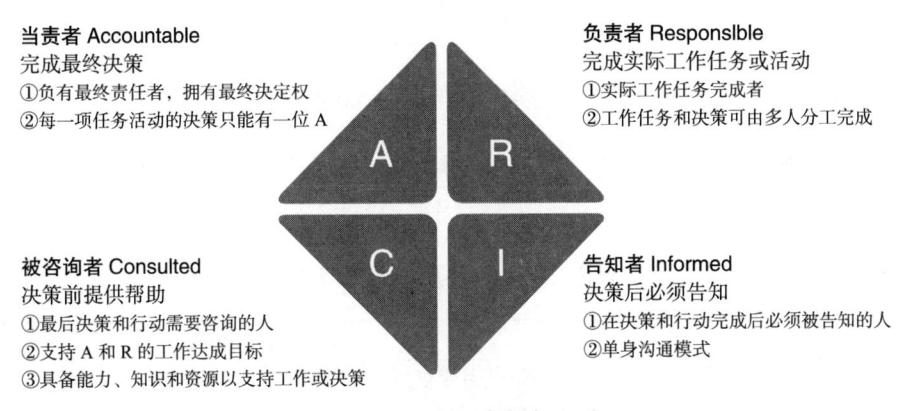

当责者 Accountable
完成最终决策
①负有最终责任者，拥有最终决定权
②每一项任务活动的决策只能有一位A

负责者 Responsible
完成实际工作任务或活动
①实际工作任务完成者
②工作任务和决策可由多人分工完成

被咨询者 Consulted
决策前提供帮助
①最后决策和行动需要咨询的人
②支持A和R的工作达成目标
③具备能力、知识和资源以支持工作或决策

告知者 Informed
决策后必须告知
①在决策和行动完成后必须被告知的人
②单身沟通模式

图2-6 RACI矩阵角色和分工

用通俗的语言来讲：

A：负责拍板的人，或者出钱的人，出问题是需要背锅的人；

R：干活的人，搬砖的；

I：需要被告知的人；

C：咨询方，就是可以指手画脚的人。

作为项目经理，每项工作对应的A和R都应铭记在心。R是项目经理的得力干将，A是项目经理的重要依赖伙伴。某项工作在遇到问题时，需要从R那里获得第一手信息，需要内外部协调和确认的内容，必须要协同A全面参与。

C作为支持方，是项目经理的智囊团，要使用得法。C用得好是利剑，用得不好就是自己给自己挖坑。核心的要点是协同C，利用C的专业知识和能力，推动A和R完成工作目标。

I很容易被忽略，信息同步的频率和信息的敏感性，需要格外引起注意。影响力-利益关系矩阵是一个有效的工具，有助于将合适的信息有效触达到I。

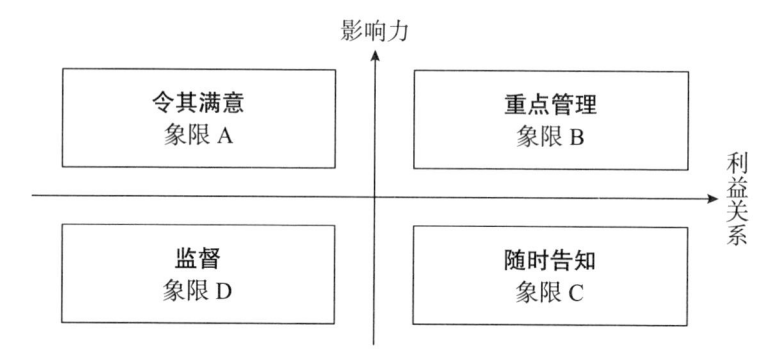

图2-7 影响力-利益关系四象限

令其满意 象限A | 重点管理 象限B
监督 象限D | 随时告知 象限C

将RACI矩阵和影响力-利益关系结合，可以基本圈定项目决策委员会（MOC）的重要成员。

表2-13 MOC成员筛选参考

角色	参与程度	进入MOC目的
RACI: Accountable	必选	需要为变更最终实施的成果负责，决定变更的实施与否
影响力大-利益关系高	必选	与变更成果利益关系高，并且在组织的影响力大，若变更决策不参与，若后续变更成果不被认可，会严重影响项目走向
影响力大-利益关系低	可选	不需要全面参与MOC决策，某些特定场景可以参与，降低无共识，给出项目负面评价
RACI: Responsible	可选（决策输入）	某些变更决策涉及实施细节时，可以让核心的R角色成员给予决策输入
RACI: Consulted	可选（决策输入）	某些特定变更决策需要专业领域知识和经验，可以让C角色给出决策输入

RACI不仅仅是在确定变更管理委员是一个有效的工具。在项目实施的过程中，对项目经理跟进项目进展，权责划分，项目成员管理上，涉及相关方参与的事情上等，都是利器。

10　变更决策要严肃

世界在变，人在变，事物也在变。项目推进过程中，随着参与的人越来越多，项目的需求也越来越明确，原来规划的项目范围绝大多数时候都会出现变化。项目内外部环境在变，如何有效地跟踪变更，并让变更落地到最终的项目实施中，确保项目目标的达成，变更的记录和跟踪尤为关键。

归根到底，变更是针对原来各方达成的共识需要作出调整，重新达成共识的过程中，不可避免地会有多方的冲突。有一说一，及时有效地做好变更记录，会为变更的决策和管理打好基础，有效推动多方快速达成共识。

【案例】

8A公司在电商业务系统升级项目正在全力推进。项目会带来公司多个部门的业务流程变革，市场部门、运营部门和电商部门是影响最大的几个部门。系统如何能够有效支撑好电商业务运营，在各个部门间讨论非常热烈。每次项目双周会，各个部门的负责人都会花很多时间进行讨论。

在一次电商系统红包营销专题沟通会上，市场代表雨晴首先发言："我们市场部门做活动，要评估营销效果，只能看到多少人激活红包，指导营销活动消耗的成本，不能做全面的统计分析，也不能对未来的营销规划提供指导。我们每年营销费用不低，我不能接受。为什么现在还没有规划？"电商代表钱瑞随后说道："在需求评审阶段，市场和电商部门对红包的发放专门有过沟通，考虑各种营销活动都有不同的规则，红包发放只会在营销活动预算范围内，这些都是固有的营销支出，当前阶段统计不是高优先级，暂时不在短期内规划。后续整体的营销分析，再单独规划。"雨晴并不能接受电商部门的意见，说道："虽然前期有过共识，公司当前注重精细化运营，营销活动分析需要尽快规划。"

钱瑞和雨晴双方的意见不一，需要尽快推动达成共识，**涉及整体项目范围变化，罗宾拿出了前期营销需求评审会议的会议纪要**。在会议纪要中，明确说明了营销活动的统计分析功能在当前阶段暂时不实施，未来做相应的规划。

沟通会上，雨晴建议提交变更申请，在下周的变更评审会，全面评估营销活动分析需求的变更，决策是否执行变更。

罗宾从项目开始，就非常注重变更的管理和跟进。罗宾在前期制订项目管理计划时，就制订了较为全面的变更管理计划。确定了变更请求的审批和采纳流程，变更由项目团队申请，变更申请后，通过变更委员会审批。一周后，变更评审会议如期召开。会前罗宾提前准备了前期对营销活动分析需求的整体分析材料，变更管理委员会上财务、运营、市场、电商负责人，整体评估了营销活动分析需求的影响和风险。现阶段营销活动的整体分析需求还需要多个部门全面梳理业务流程。现有系统已有一部分的基础分析功能，能够支持基本的分析。从成本和进度整体考虑，系统营销活动分析的整体分析的变更，风险太高。否决了变更申请，还是维持了原来的计划，当前阶段暂不实施，留待未来再做相应规划。

变更评审会议后，罗宾在会议纪要中，记录了此次变更评审会的评审结果，以及列明了一些需要各个部门跟进的待办事项。会议纪要通过电子邮件发出，供后续持续跟进。

【案例分析】

变更管理的原则是项目基准化、变更管理过程规范化。**留记录、开好会、抓风险，变更管理事半功倍。**

（1）变更的书面记录是基础

在遇到变更时，很多时候我们在快速沟通得到结论后，马上执行变更。这种方式高效，但是在面对复杂场景和变更频繁时，会遇到很多挑战，可能完成了变更工作，但并不会得到认可。变更有标准的流程，我们必须要记住一点：所有的变更请求都必须以书面形式记录，并纳入我们项目的变更管理。书面的记录是有效变更的基础，会议的纪要，进展汇报等多方决策的内容，通过电子邮件的方式，与相关方确认。有记录，有过程，变更才能更可控。

（2）高效会议决策是关键，不能忽视会议的重要性

大多数时候变更管理难，是因为变更的结论没办法在项目的相关方间达成共识。核心相关方对项目的影响力会各有不同，以及他们受到项目的影响也会各有不同，所以对变更的态度可能会有较大的偏差。会议是能够在变更前、变更中、变更后有效地达成共识的一种方式。会议前，提前准备好变更的内容，包含变更的背景、原因、变更的影响、变更执行方案、当前进展、可能带来的风险、风险的应对计划等。让参会的相关方看到变更的全貌，能够有助于推动变更的决策，以及使后续变更有效落地。

（3）项目风险点重点关注

一旦认为变更有流程后，我们容易简单粗暴地执行流程。其实这中间最不应该忽视的一点是风险。按照变更流程执行过程中，绝不能忽视变更风险的识别、风险的评估和风险的应对计划制订。在风险触发时，相应的应对计划的执行，能够降低变更带来的负面影响。关于风险的管理，我们会在风险的主题中做更全面的探讨。

三 ▶ ▷

项目进度和资源管理

当你已经是一名项目经理，真正带领团队开启掘金之旅时，拥抱规划才能掌控大局，有计划的项目就会有成功的机会，按照什么样的时间计划能够挖到金矿也是金主们关心的问题。项目经理要带领团队咬定进度不放松，才能很好地履行挖金合同的"按时交付"。当然，有了好的规划，面对各种资源、资金问题都能应对自如，逐个攻破。

1　做好周密规划

万事开头难，做项目管理也是如此。有时候，你会觉得做项目每时每刻都很难，没有一天不是在处理问题的路上。鉴于此，有经验的项目经理总是提前做好各种规划，以应对各种各样的事件，做任何事情切忌操之过急。进度是项目最显而易见的指标，进度的达成，是衡量项目是否成功的标志之一。项目经理要把项目进度管理需要做的事情在项目初期与核心团队成员一起规划好，确定每个活动需要做些什么，以及如何做才有效果都很重要，明确项目的关键路径，抓住项目的每一个关键节点和里程碑，那么我们的进度管理就成功一大半了。

【案例及分析】

数字化转型是8A公司的战略目标，经过一系列的准备，项目预期启动了，罗宾被任命为项目经理。项目启动后罗宾也经过跟高层、各相关部门收集了项目需求并经过讨论协商敲定了项目范围。接下来着手细化项目进度计划。开始前，项目助理小雪有点踌躇，这个项目看着有点难，时间也不充裕，一时半会不知该从哪里下手。这时罗宾说："凡事预则立，不预则废。我们上周不是和大家刚刚敲定了项目的范围吗？接下来就可以着手和大家一起来编排一下项目进度。通常一个成功的项目，往往离不开一个合理的项目进度，所以我们一起来看看这个项目进度该怎么安排。"罗宾老师清了清嗓子娓娓道来，一般来说，我们会遵循下面的六个步骤。

（1）制定项目进度的管理方法

这是我们在开始更具体的项目进度工作之前，对整个项目组先"约法三章"，提前制定好管理项目进度的流程、方法和对应的文档，为接下来大家推进项目进度提供一个明确的指引方向。通常我们可以借助项目启动或者立项时候通过的项目章程，以及我们在前面已经约定的项目范围说明书，同时借鉴之前的经验来完成这项工作。

（2）识别和记录项目活动

基于项目的范围，我们识别和记录为完成项目可交付成果而必须要采取的具体行动，从而得到一个项目活动的清单，这个清单包含项目所需的进度活动，活动清单包括每个活动的标识及工作范围详述，使项目团队成员知道需要完成什么工作。对于使用滚动式规划或敏捷技术的项目，活动清单会在项目进展过程中得到定期更新。

（3）对项目活动进行排序

根据不同项目活动之间的关系，对它们进行一个合理的排序，使得这些活动在项目推进的过程中，即便受到内外部因素的制约，也可以获得最高的效率和最大的产出。通常这一步完成的时候，我们会整理出一份"项目进度网络图"，帮助我们更好地识别顺序关系。

（4）估算项目活动的耗时

估算完成每个活动所需花费的时间量。这其实是项目管理中一个有难度的活，估算得准确与否对制定项目的整体进度会有不小的影响。通常我们会基于项目 WBS，让项目团队中负责及最熟悉某具体活动的个人或小组来提供完成该活动的持续时间估算及所需的各种输入，对持续时间的估算也应该渐进明细，取决于输入数据的数量和质量。

（5）制订项目的进度计划

当我们完成项目活动的识别，项目活动的顺序、项目活动持续时间和资源需求的估算，结合项目过程中可能会出现的制约因素，我们就可以创建项目进度的计划了，并且在或者项目管理委员会或者 PMO 批准后作为基准，用于后续的项目执行和监控。

（6）跟踪并及时调整项目进度

项目一旦开始，就会出现各种意想不到的情况，在整个项目执行的过程中我们需要盯紧项目的几大基准，例如范围、进度、成本等。因此，我们需要有一套明确的流程来帮助我们监督项目的状态，一旦发现项目的实际进度对比基准有偏差，我们就要及时地分析原因，适当采取措施调整项目进度，使得和进度基准保持匹配。

当罗宾老师介绍完上面六个步骤，小雪发现原来项目进度管理并不是简单地拍脑袋，背后还藏着这么多的知识，值得好好学习和动手实操一下。罗宾老师也看出了小雪跃跃欲试的想法，就说请她帮项目做一个项目进度计划。

2　如何做进度计划

这里我们继续探讨一下如何做进度计划，项目的成功多数在于项目经理对项目的有效管理，开始阶段做好规划，执行阶段有条不紊地推动项目进度，与此同时做好项目的监控。

编排项目进度计划，我们首先将项目按阶段划分；其次确定好项目各阶段需要完成的工作，即阶段交付的物，再进一步定义活动内容；最后对项目活动进行排序，并绘制出项目进度网络图。项目活动先做后做要考虑项目活动所处的阶段，各活动之间的相互依赖关系，项目资源的安排（即资源的到位情况和资源日历）等，所以项目经理既要有项目的全局观，又要有从细处着手的方法论。优秀的项目经理，应该将项目管理的理论知识应用于实际项目管理，同时在实践中不断复盘总结经验，更好地管理项目。

【案例】

8A公司对于其转型项目开始着手准备做项目进度的整体规划，根据罗宾老师的项目进度规划六大步骤（参考主题"预则立，不预则废"），项目小组制定出了项目进度管理的方法后，接下来便是准备项目的具体进度计划安排了。为此，罗宾和PMO决定举行2天的项目任务规划会议，首日会议上罗宾邀请了公司高管来发言，高层再次阐述了公司的愿景，建设公司的数字化能力，同时也表达了对项目组的期待，希望大家在2天的时间里，能够充分沟通，形成项目的初步规划。

罗宾接着发言，首先感谢高管拨冗出席，给予项目充分的支持；其次，罗宾也发布了项目的高阶进度图，我们这个项目的目标是App开发，路径图如图3-1。

根据高阶图，罗宾建议大家进行分组讨论，并明确提出需要确定并定义每个阶段要完成的工作：

- 准备和规划阶段：主要包括的工作有项目管理计划的准备，包括各子计划的准备、项目团队成员的到位、项目章程的准备、项目开踢会等。
- 需求收集和设计阶段：收集需求并形成需求文件（功能列表如会员模板、咨询课程视频模块、订单模块、支付模块、评价互动模块、客服模块、购物车模块、营销模块等）。
- 基于需求形成设计文档：一般会要求有概要设计说明书（包括但不限于软硬件架构设计图、数据模型图等）和详细设计说明书（也可叫软件系

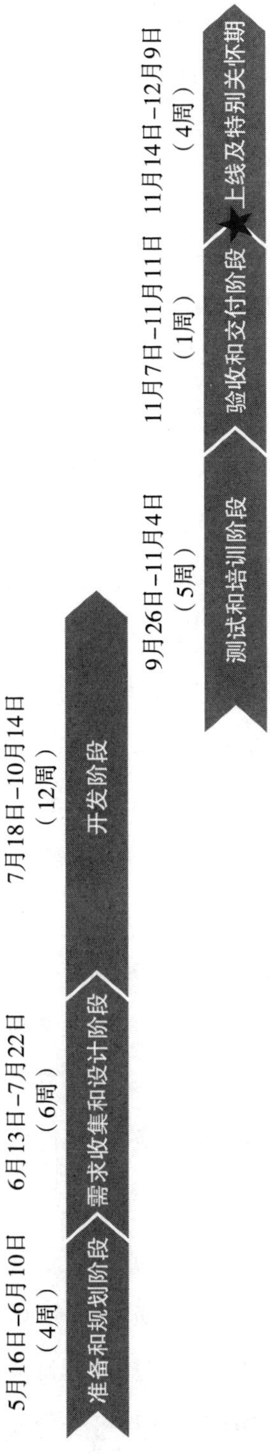

图 3-1　项目路径图

准备和规划阶段：5月16日–6月10日（4周）

需求收集和设计阶段：6月13日–7月22日（6周）

开发阶段：7月18日–10月14日（12周）

测试和培训阶段：9月26日–11月4日（5周）

验收和交付阶段：11月7日–11月11日（1周）

上线及特别关怀期：11月14日–12月9日（4周）

统设计规范书，一般软件公司都有自己公司的规范书的模板文件)。
- 设计说明书的文件内容：大体包括功能性部分（一般包括对每个功能点的介绍说明段落和功能具体实现的伪代码片段或代码实现的逻辑详细步骤等）和非功能部分（一般与用户体验、用户黏性及展示公司实力相关，例如网页的响应在1~2秒内，排版及版面设计很抓眼球等），我们这个项目会使用confluence这个软件进行设计文件的统一管理。
- 开发阶段：即代码实现/功能实现阶段。
- 我们项目会采用倾向于敏捷的管理方式，以Jira在线系统进行所有任务的集中管理，以Sprint的方式增量式功能/特性的交付。
- 测试培训阶段：制订测试计划和实施，确定测试策略是手动还是自动，选择何种测试工具，测试报告的格式及发送的频率等，准备测试用例，测试错误修复等，制订培训计划和实施。
- 交付和验收阶段：产品的用户使用指南，相关技术文件的交接，开展交付验收会议、项目的合同款项结清等。
- 上线及特别关怀期（hyper-care）：产品服务上线，项目团队会在上线后一段时间内对产品服务的使用和运行密切关注，随时就绪解决问题，需要登记好问题日志等。

在罗宾阐述了项目各阶段内容后，PMO开始组织大家分组讨论，针对这些进行任务估算，让团队各自进行工作包所包含的活动，以及各活动的顺序和估算耗时。PMO告知各组可以在上午讨论，下午开始形成各自的估算；第二天的会议进行大汇总，各组成员对任务进行评估，以形成项目进度网络图。

【案例分析】

我们最常用的定义项目活动的方式是通过分解项目的WBS来获得我们的项目活动。我们通过前期识别项目范围，对项目范围进行分解，得到项目的可交付成果，现在需要对项目范围和项目可交付成果逐步划分为更小、更便于管理的项目活动。**我们在规划的过程中可以是滚动式或者迭代式来规划，即详细规划近期要完成的工作，对于远期的工作，可以先保持在较高层级上规划。这也是项目的一个特点——"渐进明细"**。因此，在项目生命周期的不同阶段，工作的详细程度会有所不同。在早期的战略规划阶段，信息尚不够明确，工作包只能分解到已知的详细水平；随着了解到更多的信息，近期即将实施的工作包就可以分解到具体的活动。

在规划会议的第一天，我们基本了解到每个阶段需要完成的工作，我们可以使用WBS（工作分解结构，可以参考主题"沙里看世界之愚公移山"了解WBS）这个工具把项目的工作进行拆分为一个个工作包，这个是WBS最底层的元素，一般工作包是最小的"可交付成果"。这些工作包我们建议以80小时工作量原则为划分基础，当然，如果实际需要也可以再细分到40小时或更细的颗粒度。这些工作包很容易识别出需要完成它的活动，所需时间、成本和资源等。

这时候，识别和记录项目活动是为了输出该项目的项目活动清单，这个清单包含项目所需的进度活动，这也是对项目工作内容和范围的再次确认，使项目团队成员知道需要完成什么工作进而进行活动排序。对于使用滚动式规划或敏捷技术的项目，活动清单会在项目进展过程中得到定期更新。

3 细化需求，应对风险

在规划阶段，可以投入更多的时间做准备，细化需求并根据可能存在的风险做好应对方案。前期的多次讨论比后期的一次修改要节约更多的资源。今天我们来谈一谈进度规划中的估算项目活动的持续时间。时间估算有很多方法，在实际操作中通常是各个项目经理根据自己的经验进行初步估算，得出各项目活动的持续时间后再安排会议与具体执行某个活动或工作包的组员

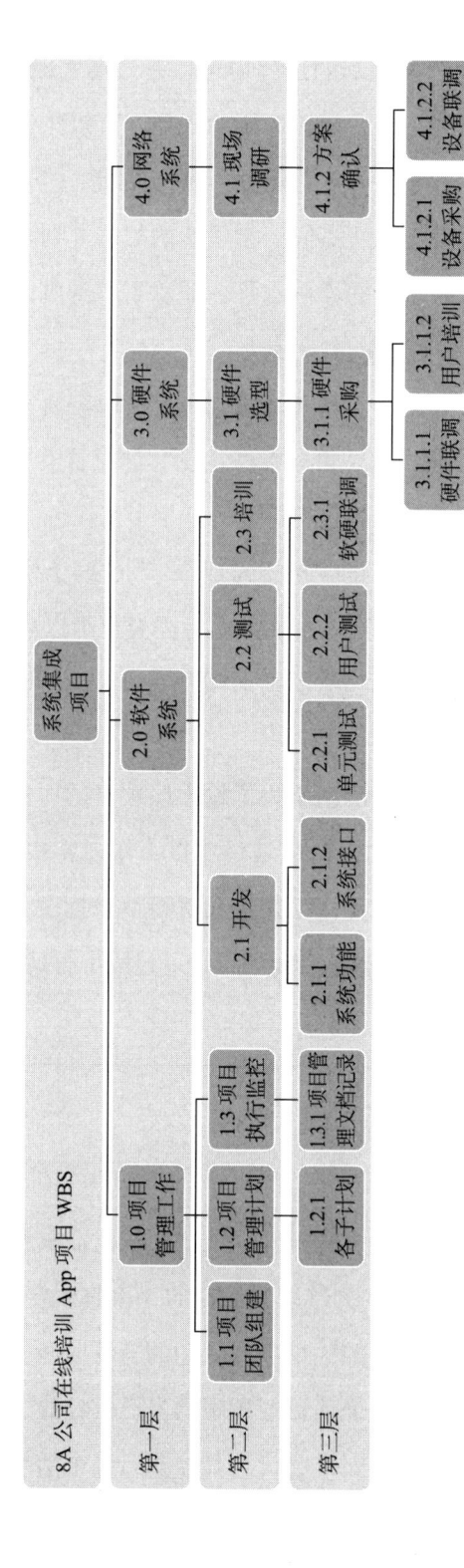

图 3-2 在线培训 APP 项目 WBS

进行讨论敲定。在估算的时候非常建议把下列因素考虑在内：
- 预留一定的时间攻克某些功能的技术难点。
- 公司系统定期维护及更新而导致对项目工作的影响。
- 节假日及项目成员的个人原因的休假安排。
- 项目会议用于某些讨论决策的时间。

【案例】

在罗宾阐述了项目各阶段内容后，PMO开始组织大家分组讨论，让团队各自进行工作包所包含的活动，以及各活动的顺序和估算耗时。PMO告知各组可以在上午讨论，下午开始形成各自的估算；第二天的会议进行大汇总，各组成员对任务进行评估，以形成项目进度网络图。

之前8A公司在线下教育领域布局多年，积累了一定的经验，所以这次在估算项目活动时间开始前，大家都不约而同地想到找公司里的"大咖"取经，毕竟他们多年的项目或产品的经验是非常难得的财富。项目组快速地分成三个小组：软件产品、硬件、网络组。他们立刻找到PMO，向PMO申请邀请公司这三方面的资深同事，例如项目总监、资深架构师来参加他们的项目讨论。项目组的运气还真的算不错，PMO在下班前答复了项目组他们打算邀请的专家都很乐意地接收了他们的邀请。

第二天上午，各位专家和各分小组成员迅速展开了热烈的讨论，这些大咖们一上来就问了如下硬核问题：
- 目前这个新产品和之前开发的哪个产品最相似。
- 项目组是不是已经列出新产品大致的项目进度。
- 项目组是否对项目进展中的风险和卡点有大致的预估。
- 项目组是否对项目活动的资源有大致的预估。

各个小组根据大咖们的提问，迅速对标到之前的一些项目或者产品，同时充分借鉴大咖的意见，对这个新项目的活动时间预估进行了实践。但是在各个组都把作业交上来的时候，大家发现项目好像比心里预计的要长，原来大家在预估各自的项目活动持续时间和整体进度时候，都自觉给自己留了一些buffer（缓冲时间）。这时候罗宾站出来说，我们来给项目时间一起做个"瘦身"吧，因为现在的时间里"水分"太大，大家有点保守，让我们把各自手里预留的buffer（缓冲时间）都砍掉一半，同时再把我们的buffer（缓冲时间）集中起来，大家在执行时候先尽全力推进，如果项目有遇到延迟的风险，大家可以和我申请。大家第一次听到这么新颖的做法，感觉挺不错的，就愉快地在团队内部达成一致，敲定了项目的活动时间预估，同时根据活动之间的顺序排了一版项目进度表。

【案例分析】

8A公司的咨询项目在项目活动时间预估中，进一步了解了项目活动时间预估的几种常见的手段和方法，并各自采取了一些方法对8A项目活动时间预估进行了实践。

第一种：总结经验，建立基准，**类比估算**。类比估算以过去类似项目的参数值为基础，来估算未来项目的同类参数或指标。这是一种相对粗略的估算方法，有时需要根据项目复杂性方面的已知差异进行调整。比如拿过去项目类似的功能开发时间作为基准，如一个页面的开发时间是多少，一个接口开发时间是多少，同时也考虑与基准比较一下难度是否增加等，得出此次项目的相对准确的时间估算。

第二种：邀请专家参与，开展**专家判断**。我们可以寻找项目涉及的应用领域、知识领域、学科和行业等的专家参与项目进度的预估。往往这些专家对各自的领域有较深厚的专业知识的积累，不论是专业学历、知识、技能还是经验或培训经历，通过他们对当前活动进行合理的判断，可以帮助我们获得比较好的预估。

第三种：**自下而上汇总WBS**，得到项目估算。如果无法以合理的可信度对活动持续时间进行估算，则应将活动中的工作进一步细化，然后估算具体的持续时间，接着再汇总这些资源需求估算，得到每个活动的持续时间。例如，按照经验，每个功能开发的最大单位控制在2天，如果超过2天要接着拆分，不要让开发留太多储备。

第四种：**时间倒推法**。比如定好最后上线时间，可以召集全员（产品、UI、开发、测试），讨论上线产品范围，倒排所有时间，让各方互相商讨，开发的关注点不再是项目经理说你行你上，而是产品什么时候出原型，如何迭代，每个迭代版本做什么，能充分平衡各方利益。

根据之前定义的不同项目活动之间的关系，还需要再次对整体的项目活动排序进行审查，最终确定一个合理的排序，使得这些活动在项目推进的过程中，即便受到内外部因素的制约，也可以获得最高的效率和最大的产出。通常这一步完成的时候，我们会整理出一份"项目进度网络图"，帮助我们更好地识别顺序关系。绘制项目进度网络图，我们可以使用到比较专业的软件，例如微软的Project，可以绘制出甘特图，这样可以更好的显示活动进度，相互关系等。其实，现实中也常用Excel来绘制这样的进度网络图。

4 项目进度控制

项目进度控制是项目进度管理六个过程中最后一个环节。在这个过程中，项目经理带领项目团队监督项目活动状态，更新项目进展，发现实际状态和项目计划的偏离，并及时采取纠正和预防措施，同时项目经理对项目的进度基准保持高度关注，并做好必要的变更管理。通过一系列的组合拳，项目经理对项目的进度实现了真正的PDCA循环（Plan-计划、Do-实施、Check-检查、Act-处理），确保了项目交付的时间，同时降低项目风险，提高项目交付的质量。

表3-1 进度网络图样例

工作状态	开始时间	结束时间	负责人	活动相互关系	活动持续时间	W1	W2	W3	W4	W5	W6	W7	W8	W9	W10	W11	W12	W13	W14	W15	W16	W17	W18	W19	W20	W21	W22	W23	W24	W25	W26	W27	W28
软件系统																																	
需求分析																																	
需求澄清																																	
需求确认																																	
系统开发																																	
产品功能设计																																	
产品设计确认																																	
产品功能开发																																	
系统接口设计																																	
接口设计确认																																	
接口开发																																	
系统测试																																	
单元测试																																	
接口测试																																	
系统联调&调优																																	
用户测试																																	
准备测试环境																																	
确认测试案例																																	
用户测试&调优																																	

续表

工作状态	开始时间	结束时间	负责人	活动相互关系	活动持续时间	W1	W2	W3	W4	W5	W6	W7	W8	W9	W10	W11	W12	W13	W14	W15	W16	W17	W18	W19	W20	W21	W22	W23	W24	W25	W26	W27	W28
软硬件网络大联调																																	
用户培训																																	
新业务流程更新																																	
更新系统操作手册																																	
准备用户培训资料																																	
硬件系统																																	
需求分析																																	
确认需求&采购订单																																	
硬件到货																																	
硬件配置																																	
硬件调试																																	
网络系统																																	
需求分析																																	
确认需求&采购订单																																	
机房装修																																	
设备到货																																	
机房布线																																	
硬件配置																																	
网络调试																																	

【案例与分析】

8A公司在线培训App项目，这次公司抽调了最强的队员加入这个项目组，因为项目组中负责网络和测试的两个同事都是从分公司抽调来的，所以他们需要和其他在总部工作的小伙伴们一起通过在线合作完成这个新任务。在项目进度表顺利出炉后，每一个小组的小伙伴们在各自组长的带领之下立刻投入紧张的项目开发。此次的开发阶段大约有3个月的时间，对于一个在线教育App，需要在3个月内完成高质量的开发是充满挑战的。杨凯有点担忧，脑海里浮现了种种问题：

- 大家还能在规定时间内完成各自的任务吗？
- 大家怎样确保清楚彼此的进度，尤其到了联调联测的阶段？
- 如果半途出了问题，我们还能不能及时响应（尤其不是所有人都面对面工作）？
- ……

带着这些问题，杨凯找到了项目总负责人罗宾进行咨询。罗宾得知杨凯心中的担忧之后说出了自己的看法：

首先，项目进度不达标（整体超期、阶段性晚点）是项目实施中最常见的问题，那些失败的项目大都存在项目进度管理的问题，所以有效地实施项目进度控制，是项目成功的重要保障。项目进度控制需要项目经理清楚地知道项目团队的进展如何，这件事看似简单，但实际执行时会遇到诸多问题。

其次，项目经理需要把握住几个关键点："什么时候、谁来做、做什么事情、做到什么样子，什么时候检查"，切实执行这些关键点，项目实施就不再会是一团乱麻，具体到项目进度控制这块，我们可以做的事情可以归纳为如下四个方面。

（1）制订项目进度计划，明确人员分工和截止时间

制订明确的项目进度计划，是项目进度控制的基础。

项目进度计划必须要包含明确的任务（和项目的WBS保持一致），每个任务的负责人，任务的先后关系，任务的开始和结束时间。在这个过程中，最重要的是选择合适的时间颗粒度和输出与之匹配的项目进度计划，便于后期监控。8A公司这个新项目预计的周期是6~9个月，为了有效地管理项目进度，在整体上至少需要到周级别的颗粒度。倘若另一个项目只是一个2~3个月项目，可能到天级别的颗粒度才能更有效地帮助项目经理对进度跟踪和控制。我们常听到的One Project Schedule Plan（达成共识的项目进度计划），就要确保不论是选择哪个颗粒度，用什么工具生成进度，这个项目进度是全体项目成员及干系人都认可的并达成共识的项目进度。

（2）把握项目总体进度，抓住项目里程碑

有了一个详细的项目进度计划并不代表全部，事实上，项目经理还需要带领项目团队找出项目的里程碑节点，以及项目过程中需要关注的其他关键子节点。这对项目整体进度的把握非常重要，项目执行的过程中会遇到各种突发情况，项目经理在面对这些问题的时候，往往第一时间需要思考的是新情况对项目的里程碑节点及整体进度的影响如何。只有把握住这条主线，才会遇事不慌。因为对项目里程碑有充分的了解，也确保在推进所有具体任务包括变更的时候可以不迷失方向。这里需要项目经理不断积累实战经验，培养自己全局的视角，也建议项目经理将进度计划可视化陈列，标明项目主要的里程碑，用于激励团队向目标迈进。

（3）定期检查项目里程碑，做好项目进度沟通

设立项目节点和里程碑的定期回顾，组织对应人员的沟通会议。这个工作可以分为项目团队级别和关键的项目干系人级别。

在项目团队层面，建议项目经理根据项目进度自身的颗粒度选择合适的频率进行例行回顾，这些会议可以包括每天的站会、每周的例会、每月的汇报等。每次例行回顾都要做到回顾当期的工作状态（项目处于什么阶段，已经做了什么事情，对比项目进度基准的完成，进展如何，并制订和调整下一

期的工作计划）。在项目团队层面，需要项目经理通过这些例行回顾把项目的目标和要求时时传达下去，并让项目成员把结果及时反馈上来，确保项目进度的信息透明。

在项目干系人层面，项目经理更需要把握项目整体进度、里程碑状态和项目进度的风险，项目干系人不仅关注当下，更关注项目潜在的风险。如果项目经理对项目实施过程中对整体进度风险有相应的预判，在定期的沟通中需要及时明确地传达给项目干系人，并且告知他们降低风险需要采取的措施。

（4）定期复盘项目进展，优化项目工作流程

项目从发起到计划，再到实施和结束，这个过程充满了各种情况，项目经理需要根据实际情况开展定期的复盘和及时的优化。这个定期的复盘工作不需要等到项目完全结束了才能进行，事实上，不论是瀑布式项目还是敏捷式项目，都必须在执行过程中加入复盘。针对瀑布式项目，我们可以在每个阶段结束准备开始下一阶段之前做一个复盘；针对敏捷式项目，我们可以开展定期的Sprint Retrospective Meeting（冲刺回顾会）对过去已经完成的Sprint进行检视并提出后续sprint的改善执行计划。

项目进度控制从经典的项目管理理论来划分属于时间管理的范畴，但实际上它包含的内容不仅仅局限于时间管理，还涉及范围管理、人力资源管理、风险管理、变更管理等一系列内容。任何一个项目最后可以按照既定的项目计划时间上线，一定离不开对项目进度的高效控制和整合管理。就是我们上面提到的"能够在预定的时间内，让对应的项目成员完成项目活动，达到预期的工作目标。"

5 如何向高层要资源

巧妇难为无米之炊，要把项目做成，需要有资源，资源的简单理解就是

人、钱和一些硬件设备。其中，项目最核心也最难获得的资源是专业技术人才。企业通常会把最重要的资源放在最重要和最必要的地方以发挥资源的最大效益。为获得项目想要的资源，特别是关键资源，项目之间都是竞争关系的。如何向高层要资源？这里我们可以思考几个方向。

- 站在高层的角度看问题，项目优先级如何，资源放哪里可以发挥最大效益。
- 知己：对自己项目需要什么资源，什么时候需要这些资源，资源需求的时间是否可以调整，如果没有这些资源有什么影响等需要了解透彻而且做好分析。
- 知彼：要了解哪些项目也需要同样的资源，这些项目的优先级如何等。

【案例】

向高层要资源，是项目走向成功的一个关键因素。

实施App平台项目以实现企业转型，项目经理罗宾深知这个项目的技术难点，不安排一个Android高级程序员是攻克不下的，人才资源就是项目成功的关键软件因素。

在项目开始阶段，项目组被安排了一位Android中级程序员小彬。小彬在App平台开发方面有一定的经验，但罗宾知道项目中后期将会有一些技术难点需要攻破，以小彬的水平未必能够胜任。这时候，罗宾想到了公司的Android高级程序员秦风。罗宾心想，要保证这个项目成功，就必须把秦风拉进项目里。罗宾接下来该怎么办呢？

首先，罗宾联系了PMO负责人米亚，向米亚说明了项目的资源需求，也成功说服了米亚Android高级程序员对于罗宾目前的项目的重要性和必要性。搞定PMO也就是成功的第一步，罗宾心中的喜悦在脸上表露无遗。

很快，罗宾便收到了米亚发过来的邮件，关于公司所有的Android高级程序员的资源日历。看完后，罗宾傻眼了，全都安排得满满当当，而且都被安排在公司重要客户和重要项目上。至于罗宾心仪的秦风，他项目排期已经安排到了明年中下旬！更重要的是，他现在正在负责ECF大客户的项目，这个客户对于8A公司非常重要，高层是不会随意调动安排给这个客户的资源的。但罗宾还是能看到一丝丝希望，也就是秦风将在3个月后从ECF项目释放出来开始负责8A公司内部的项目B和项目C。接下来罗宾又该怎么做呢？

思考片刻后，罗宾马上把项目集经理岚总之前给他的项目集路径图和各项目的优先级资料仔细翻看了一遍，了解到项目B和C跟他现在的项目优先级一样，从路径图上看，他的App平台这个项目在时间线上会更靠前而且紧急一些。罗宾心中暗喜，这次算是有把握了。

接下来罗宾把App平台项目资源的需求整理好，在资源问题上做了影响和可行性分析并得出了两个方案（简单叙述如下）：

方案一：项目没有Android高级程序员，那么项目开发的时间需要加长1个月左右，会影响项目集其他项目的安排，而且存在难点攻克不下来的风险。

方案二：项目安排Android高级程序员秦风，特别是开发中后期阶段技术难点的攻克，可以在项目活动顺序安排上调整，前期开发可以由原来的程序员小彬负责，技术难点的开发可以安排在3个月后等秦风到位，这个可以保证项目按时完成，但会影响项目B和C的资源安排，需要进一步协调。

罗宾于是找到了B和C项目的项目集经理岚总，她也是罗宾这个App项目的发起人。他把自己项目的资源需求，项目技术难点都一一跟岚总说明了。罗宾也把在米亚那得到的Android高级程序员资源日历给了岚总看，秦风是唯一一个能动用的资源。接着罗宾把自己准备好的两套方案跟岚总都详细做了介绍。罗宾并没有让岚总马上给他答复，而是让岚总看看在资源方案上是否有罗宾没有考虑的情况或疑问，希望岚总如果觉得方案二可行，是否可以帮忙在资源上做协调。

一周后，罗宾得到了岚总关于资源问题的答复，他满脸欢喜，这也是他期待的结果。

三 项目进度和资源管理

【案例分析】

项目执行过程中,当项目经理面临项目资源不足的时候,项目经理该怎么去破局呢?

- **借助项目的资源日历,了解关键资源的安排**。项目经理首先需要对自己项目资源需求了如指掌,还要清楚所需关键资源的资源日历。一般来说,项目经理可以在PMO处获取这些资源的信息,当然有时候如果没有专门设立PMO,也可以通过公司各职能部门或者HR处获得对应的信息。另外,想要获得关键的人力资源,作为项目经理你要尽早和关键人力资源沟通,争取获得他们投入项目的意愿。你要从项目的优先级、体量、技术先进性等方面去阐述,通过面对面的沟通,记录技术人员的心理预期和需求,获得他们的支持。
- **站在公司管理层或高层的角度思考问题**。项目经理要了解自己项目在项目集路线图中的位置,优先级如何,这将帮助你分析资源的整体使用情况。如果你的项目优先级不高,而且时间安排上也是可以往后推,这种情况首先不必花太多时间在资源争取上,而是先考虑如何调整项目启动时间,从而配合项目集或公司的战略需要。
- **错峰出行,同样可以争取到想要的项目资源**。公司各种战略项目同时进行必定会导致某些项目资源的紧缺,公司也必定会把资源放在优先级高的地方。这时候,可以重新审视项目的进度计划中各活动的时间安排,看看是否可以根据资源的可用时间去调整计划,如案例中方案二其实也是把一些开发难点活动安排在资源可以到位的时间进行,达到资源错峰使用。
- **做好预案管理和及时沟通**。在项目立项前的准备阶段,做好风险识别和风险应对,同时也对其他项目的资源需求和优先级做了一定了解;在争取资源的各种沟通前,必须要有所准备,综合考虑各方面因素,做好影响分析和可行性分析，提前做好可能的方案进行沟通讨论。

项目经理需要认清组织实施项目的目的，保持与企业战略的一致性，认清项目在企业中的战略定位，拥有高层视角的认知，在项目资源的规划和管理上知己知彼，成功获取自己项目所需的关键资源，从而集中全力投入项目执行，创造最大效益化。

6 准备多个解决方案

每启动一个项目，我们都憧憬着项目可以获得想要的资源，并且一切顺利往前推进，最终实现项目目标。理想是美好的，但现实很骨感，在项目执行阶段，总会有一些影响项目正常推进的人和事，僧多粥少，资源不足，这也是项目的常态。项目经理要先做好问题分析，评估影响：确认资源紧缺的程度、数量，研究准备解决问题的可行方案等。然后向上汇报问题，我们可以强调如果资源问题不解决可能导致的影响，同时给出事先准备好的解决方案。

【案例】

8A公司的数字化转型项目开拓线上培训业务线，这个项目的工作开展得如火如荼。项目第一段App的开发已基本完成，现在进入了第二阶段的工作：录制目前的配套咨询课程，并配合App的开发计划。视频组按各自的计划再进行视频录制，后期制作等事宜；视频组的项目经理正在准备项目的进度汇报，一个电话打给了他，电话里是A咨询师，他告知项目经理，自己的视频课程录制已经完成，但后期恐怕无法继续参与修订集制作工作；他已经被安排参加另一个咨询项目，而且需要马上出差6周。A咨询师也知道这个跟原来的项目安排有冲突，但迫于他的直属上司和上层老板们的压力，他也只好答应这个紧急的安排了。这边电话刚完，后期制作人员就告知项目经理，需要A、B咨询师大约2周时间去参与后期视频制作。B咨询师答复项目经理，他目前正在一个咨询项目里，人在外地，要1周后才能回来参与视频制作。

遇到这种情况，视频组的项目经理马上看了一下各自视频组的进度计划，没有发现有任何问题；但当他查看各参与视频制作的咨询师的日程安排后，发现A、B两位的日程和视频的进度计划有明显的冲突。当然，在制定进度计划的时候，A、B两位的时间是充裕的，但是作为咨询师，他们的时间很多时候也是由销售决定的。视频组的项目经理需要怎么办呢？

罗宾获悉视频组经理的反馈后，做了如下行动：

- 先和管理销售的高层沟通，将关键信息与高层汇报，并表示对视频制作的进度的担忧，希望获得高层的建议。高层获悉后，表示基于目前公司人员配置管理的状况，销售的任务也很重，需要咨询师的支持，明天他会出席会议和罗宾一起再商议。
- 获得高层支持后，安排PMO组织会议沟通双方的档期，会议邀请管理销售的副总和项目组的经理。
- 罗宾要求视频组经理评估实际需要多少天才能完成视频录制。

罗宾获得了各方反馈的信息后，要求PMO安排在三天后，早上9点会议。这次的会议他和项目组在会议室举行，并邀请了高层出席，在外地出差的销售经理通过线上视频会议进行的。

会议举行得很成功，罗宾简报了最近的情况，项目总体进度达标，但是有潜在的延误风险，他把档期的问题提出来，希望获得高层的支持；由于提前了3天和高层沟通，销售告之咨询师表示可以在外地配合录制视频，销售方面也调整了相应咨询业务的出差时间。视频组经理也表示可以配合咨询师的时间，已经安排了相应的人员跟进。业务和项目团队都对会议的结果表示很满意！

【案例分析】

遇到类似突发调整出现资源冲突时，建议项目经理先参考项目进度管理计划和风险登记应对计划，项目资源紧张是最常见的风险点，项目经理可以采用下面几个步骤来处理问题。

（1）了解并确认具体情况，做好影响分析

子项目所需资源的档期冲突，影响交付。上述案例描述的情况就是资源计划已经配置好，但是现实的情况就是人员无法按时到位，根本原因是资源配置的计划是6周前安排的，而资源本身除了项目需求外，还有业务的需求，业务线的需求往往是高于项目需求，这样导致的冲突经常发生。视频组的项目经理把问题汇报给项目总，这样的做法是最优选择。

（2）与资源提供方高层沟通

罗宾的选择是先与管理销售的高层沟通，了解业务线的需求。现实中的大部分企业，业务的需求往往是优先于项目需求，而在此案例中，项目总将问题先与高层沟通：一是反馈问题；二是了解对方的情况；三也是通过这样的沟通，争取对方高层的支持，因为开发出来的产品也是销售日后需要的产品。

（3）寻求解决共识

罗宾要求PMO组织会议，这样的做法也是常见的项目管理技术。PMO组织会议，一是利用正式的沟通机制，把问题记录在案；二是通过正式会议协商并形成解决方案，成为项目的组织过程资产，为未来的项目提供一种解决档期紧张的解决方案。

（4）预留时间和空间

项目是有明确的交付时间要求，但是项目的内外环境却是经常变化的。项目经理不能墨守成规一成不变，处理资源紧张的冲突情况时，需要预留时间和空间给相关方和项目团队。便于双方或多方有时间去评估各自业务的影响。案例中，罗宾特意要求3天后举行会议，目的就是给双方团队评估影响，留有时间进行各自业务线的内部沟通。

7 与职能经理和平共处

项目资源本身除了项目需求外，其实还有业务的需求，如上一主题谈到的场景。很多时候，业务线的需求往往是高于项目需求的，这样引起的资源冲突也是时有发生。项目经理和职能经理的关系也经常是一言难尽，造成项目和职能矛盾的核心，是资源，而资源往往被掌握在权力更大的一方手里。项目经理和职能经理的权力对比，并不固定，而是会随着项目在公司结构中的具体位置而定。职能型组织，职能经理往往就是项目经理的上级；项目型组织，项目经理就是职能经理的上级；混合型组织，两者基本同级，各自肩负不同的组织目标，本文主要论述混合型组织中项目经理和职能经理"相爱相杀"的关系。在混合型组织中，职能部门有自己的工作，并非完全为某一个项目服务，那么项目经理能拿到什么资源，就全看职能经理怎么分配了。项目经理觉得我在项目一线辛辛苦苦的，找你（职能经理）要个人都"拿"不出来，难道你们天天在家喝茶吗？职能经理觉得，我就这么几个人，都派到项目中，我的组织绩效不需要完成吗？那么，在混合型组织中，项目经理和职能经理的关系到底应该怎么样"和平共处"呢？

【案例】

8A公司达成了阶段性业务指标，PMO策划组织了一次庆功宴，邀请了项目经理和职能经理等出席活动，孙总代表公司领导对各位项目经理的辛苦付出所取得的成绩进行了充分肯定，同时对各职能经理对项目的资源投入，以及技术、方案支持等表达了感谢，并邀请项目经理代表罗宾和产品部职能经理董睿代表分别发言。这一发言不要紧，差点把庆功宴开成辩论赛。

罗宾说："感谢孙总的肯定。不过说真的，我们做项目经理的真的很难，有时候甚至感觉是'腹背受敌'，前面冲在项目一线，天天面对客户的'刁难'，后面又要在公司内部各种协调资源，还经常面临项目资源被各部门老大调走的风险，甚至有时候原本说好的资源都供给不足。当然，我们知道PMO已经从中做了非常多的工作来尽量帮忙协调资源了，不过说真的，我们公司的资源储备无论是数量还是质量都需要再充分一点，这也要拜托各位部门大哥。"

罗宾一番话引得众位项目经理频频点头，但是职能经理坐不住了。

董睿马上站起来说："罗宾，我们知道你们做项目不容易，但是你们也要体谅我们部门经理的不易。公司每年给到人力预算是有限的，给我们定的部门指标也是非常明确的，公司的项目又多，经常有PMO或项目经理来找我们要资源，我们已经很大力度支持各个项目，我都担心我们部门的工作指标完成不了。"董睿这番话好像也说出来各位职能经理的心声。

一时间，大家交头接耳好不热闹。孙总赶紧出面控场说："理解大家都不容易，其实不管是做项目还是管部门，大家的出发点和目的都是一致的，都是为了实现我们公司的共同目标，项目做好了公司会有更多的收益，自然也会补充更优质的资源到各个部门，各部门的资源充足了，给到项目的支持会更好，这样大家才会越来越好。有困难，甚至有冲突都不怕，遇到具体问题我们再具体解决，大家还是要精诚合作。"

这次活动后，针对会议上项目经理和职能经理反映出来的问题，孙总主导PMO和人力资源部做了深度调研，明确了项目经理和职能经理的工作职责和协作关系，并形成制度在公司内做了宣导：

- 项目管理制以项目经理责任制为核心，项目经理根据需求规划项目团队人员需求；部门管理者根据公司需求培养合格的专业人才，并根据项目需要安排合适的人员参与项目工作。

- 项目经理对项目团队的整体交付质量负责，项目绩效直接影响项目经理工作绩效；部门管理者对安排到项目中的部门成员的工作交付成果负责，部门成员在项目中的工作绩效直接影响部门管理者的工作绩效。

- 项目团队成员须按时保质完成项目工作，并定期向项目经理汇报项目工作进展，如项目团队成员未能按时交付项目工作或交付质量不达标，项目经理有权对职能部门提出人员变更请求，双方达成一致后发起人员变更申请，如有争议可报备PMO协商解决。

- 项目团队成员如遇请假、离职等情况须提前提出申请，由项目经理和部门管理者进行审批，审批通过后须妥善安排工作任务，做好相关交接工作。

- 项目经理基于项目组成员阶段性目标的达成情况进行绩效评估，并将结果及时反馈PMO；PMO对于所有项目成员绩效进行汇总分析，得出最终的项目绩效等级，反馈给人力资源部；人力资源部将最终项目绩效传达给到部门经理，部门经理结合团队成员在项目中的综合表现，按公司统一安排的考核时间和比例进行均衡考核，给出团队成员的考核结果。若项目经理和部门经理给出的绩效等级相差2个等级，则PMO和人力资源部介入分析必要时需重新评估。

该制度清晰说明了项目经理和职能经理在组织中的定位，明确了项目经理和职能经理在达成组织目标过程中的协作关系。

【案例分析】

诚然，无论是项目经理还是职能经理，都是为了实现组织目标服务的。通过上述案例，我们发现在混合型组织中，项目经理和职能经理都肩负着组织绩效指标，在达成各自指标的过程中存在着既竞争又合作的关系，需要厘清两者的合作界面，通过图3-3可以看出项目团队和职能部门之间的关系。

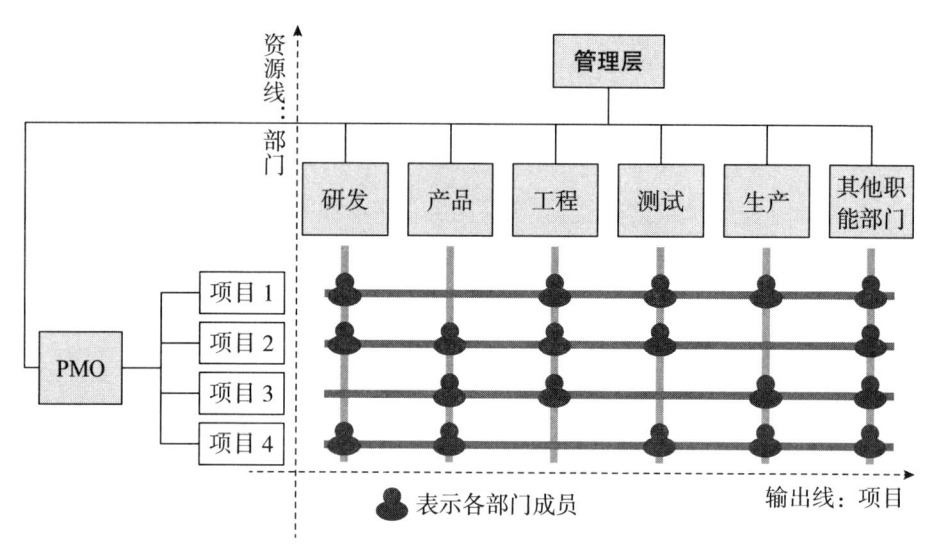

图3-3 项目团队与职能部门的关系

- 公司各职能部门属于资源线，作为公司各级项目有效实施的人力资源保障部门，肩负着培养合格人才、为项目输送专业人才的职责，培养专业人才，建立人才梯队，为公司各项目的正常运作提供人力资源保障；职能部门各级管理者作为人才培养主要责任人，需保证部门员工的工作质量，对分配到项目中职能代表的工作交付负责。
- 公司各等级项目属于输出线，组织直接或间接地利用项目实现战略目标。组织战略目标应该为项目管理提供指导和方向，公司高层和PMO有责任识别和判断项目目标与组织战略目标的一致性或潜在冲突，若项目目标与组织战略目标存在冲突，应及时确认并做相应调整；组织战略目标影响项目优先级，组织规划通过对项目的优先级排序来影响项目投入。简单地说，"部门是养兵的，项目是带兵打仗的"。项目团队作为资源线和输出线衔接点，项目团队是项目实施的责任主体，一般组建于项目立项，解散于项目结项。
- 项目期间，项目成员要完全服从项目经理。项目经理对项目成败负责，部门经理负责人员调配和培养。项目经理就像战场指挥官，需要具备对项目成员的考核和申请资源置换权；职能经理需要处理招聘，人员调配，安抚等后勤保障。只有各司其职，才能保证战功赫赫。

8 敢于和老板说"不"

做项目难，最难的事也包括对老板说"不"。从项目的定义我们知道项目是需要在规定的时间，在一定的成本制约下完成特定范围的工作，并交付满足需求的产品或服务。有时候，一个老板提的额外需求，就可能造成项目的延迟交付，成本超支或者是质量不达标。作为项目经理我们如何更好地向上管理老板，敢于对老板说"不"以保证整体项目的可控呢？

【案例】

团队经过不懈地努力，终于来到项目的里程碑之一，产品上线内测。项目总罗宾主持会议。杨光代表App组，老普作为测试组代表。视频产品上线，测试组有条不紊地在后台监测，高管F总现场看了内测的效果，提出了额外的要求：视频除了加字幕外，可否加入弹幕和评论区功能？弹幕和评论区都是目前市面上比较好的App都具备的功能，这会提升用户的体验。

高管F总除了提出了额外的需求，还交代项目组必须按时交付。杨光和老普都懵了，罗宾马上说："这个提议我先记录下来，然后和项目组评估一下，看看需要多少额外的资源和时间。因为这些功能在项目前期需求收集的时候没有提出和登记的，我会在下一次汇报会提出具体的实施方案，您看合适吗？"罗宾没有立马答应，高管F总有些不高兴，不过也勉强点头同意了。

罗宾也明白并理解F总提到的需求，其实也是对整个项目有利的，提升我们App用户的体验也非常重要。内测完后，罗宾立马组织了项目团队的核心成员，包括开发组长小张、测试组长小刘、运维组长小苏、业务需求分析师小李和架构师小贺,开会讨论F高管提出的新需求所涉及的范围,以及初步讨论满足这个新需求,对整体项目的影响是什么。在初步确定新需求涉及的范围和影响后,罗宾有针对性地召集了相关的项目团队成员进行了几次的讨论会,一方面是集思广益,从中找到解决问题的最佳方案;另一方面想发挥团队主观能动性、赋能,让执行层面的成员也参与方案设计,使团队成员更有参与感和责任感。

可是经过团队的共同努力,分析评估之后,虽然得出几个方案,但建议把这个新需求放到上线App之后,作为一个后期改善功能再开发实施。

罗宾并没有急着召开项目汇报会,汇报这样一个新需求的评估结果。而是找了项目发起人一同约了高管F总面对面先解释沟通这样的评估结果,他知道F总是一个好面子的人,如果没有私下达成共识,要在正式会上对他说"不",以他的影响力,结局将会很难堪。

面对面沟通当天,罗宾首先展示了他跟团队评估的三个方案,这些都是不影响项目整体交付,特别是按时完成这个前提下的:

方案一:从其他同类项目组调配高级工程师(开发和测试各1名)、中级工程师(开发和测试各2名)专门负责此新增需求的相关开发和测试。必须是同类项目的,否则就算增加人手也很难保证按时完成项目交付。优点:不影响其他部分的工作,可以保证新功能按时按质完成。缺点:需要额外资源,增加项目成本。另外,了解到同类项目技术人员紧缺,根据项目优先级,人员调配困难巨大。

方案二:安排目前开发团队赶工2个月,可以考虑工作日每日加班1~2小时。优点:原班人马,对App熟悉,开发实施会省时省力。缺点:项目成本也会增加,同时此安排非常不利于整体项目突发情况的灵活调配,整体项目按期交付风险很高,如有特殊情况发生,此计划将无法实施。同时也会导致团队稳定性下降。

方案三:安排此功能在App上线后的第一批改善功能进行开发实施,目标在 APP 上线后一个月内完成,由原来项目团队负责。优点:不影响原来项目计划,而且 APP 上线后一个月上线此功能基本对用户体验影响很小。由于本来项目就有后期改善功能开发实施的计划和预算,这样对于整体项目预算也不会有影响。缺点:此新需要上线时间有所滞后。

为了保证项目的整体交付且有效控制风险,同时不影响预算,方案三是推荐的解决方案,虽然新的需求的实现有所滞后。

经过罗宾的细致分析,还有项目发起人共同的沟通影响,最后F总也同意了按照方案三实施。

【案例分析】

以上案例就是项目经理怎么对老板说"不"的一个例子。我们来分析一下项目经理遇到类似情况的时候可以如何应对:

项目经理在管理项目过程中,要做好向上管理。否则你和你的项目团队将会花成倍的时间和精力在应付老板的各种需求。

做好向上管理离不开这三个议题:第一,明白和理解老板想要什么;第二,你如何配合老板;第三,老板怎么支持你。

第一点,明白和理解老板想要什么,本案例高管F总的需求是比较清晰的,如果某些情景老板需求不太明确,我们首先要做的是澄清需求。第二点,你如何配合老板,这里讲的是你要如何做才能满足老板需求。与老板怎样更好地合作,项目经理不妨摸清老板们的风格。常见的四种领导风格类型:表现型、指令型、分析型和亲和型,我们可以根据老板的风格迎合做事,这样会更省时省事。罗宾了解F总其实是指令型风格的,虽然好面子但其实也是讲道理的。罗宾会选择在正式汇报会前,与项目发起人一起约高管F总单独沟通,这样会更有效地达成共识。第三点,老板怎么支持你。这一点在项目管理上非常重要,项目经理要学会向老板要资源。案例中,罗宾讲到方案一,方案二都是需要额外资源或成本的,要实施这些方案是需要老板支持才能做到的。

项目经理要做好预期管理，要让老板人间清醒去做决策，"项目管理铁三角"这一利器要用上。

老板们其实也是项目里面的相关方，对老板们做向上管理，或者对项目相关方管理，其实本质是在做他们的预期管理。作为老板，肯定是希望项目什么都能有而且质量也要好，但又不愿意投入更多的资源和花更长的时间。想法都很好，只是现实很骨感。作为项目经理，我们可以利用项目铁三角跟老板们讲明白项目范围、成本、时间，以及项目质量的互相制约关系。范围、成本、时间三个因素任意一个改变，要维持原来的质量是不现实的。如果范围需要增加，但不愿意投入更多的资源（成本）和时间，这时候就只能降低质量要求了。

通常项目经理面对相关方或管理层提出的额外需求，我们可以参考这三个应对变更的步骤处理：

第一步，确认变更的范围。

第二步，评估变更的影响。

第三步，提供解决方案供老板决策。

我们可以在第二步评估变更影响时候做好变更对范围基准、成本基准、进度基准和质量的影响分析，以及相应产生的风险进行评估等。如案例中罗宾对于每一个方案都列出了利弊，这样也很好把管理层和老板拉回现实，并可以做出"人间清醒"的决策。

现实中是很难跟老板说"不"的，作为项目经理应该更关注有好的机制以防止范围蔓延。

某些项目持续时间比较长，需求出现变更也是常有发生的，尤其是不断增加需求的情况。当老板们提出新需求的时候，由于各种原因及老板的影响力，项目经理是很难说"不"的。那么，项目经理应该在项目中设立有效的变更管理机制，收到变更请求可以按照应对变更的三步骤，记录并确认好新的需求，并根据新的需求作影响评估，然后将解决方案提交给变更控制管理委员会做决策。有了流程也要对老板和高层进行定期、不定期项目管理知识的分享会，强化变更管理机制，确保变更请求是得到充分沟通并获得批准后方能实施的，这也是防止范围蔓延的有效方法。

9　精打细算，量入为出

如前面章节，项目管理比较难，难在大多数时候项目的交付范围不能清晰地定义，而且需求一直在动态变化，但更难的是没钱办事，项目超预算了。这种情况非常考验项目经理做预算的能力与经验，以及项目过程中的预算监控和超预算的处理。很多时候，一方面我们要有项目应急储备金；另一方面也要有项目的管理储备金。当内外部环境发生变化对项目产生风险的时候，这些储备金也可能是项目能够最终交付的一个保障。但也要做好最坏的打算，如果项目远远超出预算，备用金无法覆盖，那么项目管理委员会会对项目进行评审而决定项目继续与否。如果从收益角度仍然觉得项目的交付有效益可得而且与公司的战略一致，那么增加预算是可能的，否则可能就是取消项目，进行项目收尾。

如果我们管理的项目真的超预算了怎么办？下面我们通过案例探讨一下一般超预算的原因，在做预算的时候如何避坑，以及超预算的应对。

【案例】

数字化转型是8A公司的战略目标，在保持原有线下咨询业务模式不变的情况下，试水开拓线上培训，形成线上线下两条业务线，相辅相成也是为实现其战略目标的一部分。项目第一阶段已完成，视频制作组，App开发组都把各自第一阶段的费用提交了，PMO和项目经理罗宾前后算了三次，确认阶段一超预算了。超支原因有几个方面：一是项目交付超期一个月，相应的人员开支增加了一个月；二是在内测时候增加了需求，导致项目的范围有所扩大，IT开发费用支出也相应增加了；三是新服务器的采购费用根据合同约定需要在阶段一内结算。

目前项目阶段一已经超了预算计划的30%，罗宾则要求PMO把情况先记录下来，再从项目整体角度，针对这30%的超支对完成其他项目阶段的影响进行分析，包括对后续阶段的工作进行估算，看看还需要多少时间和预算才能完成，是否整体可控。

罗宾心里很庆幸，这次项目按阶段性的交付进行预算（项目的成本基准中包含项目应急储备）分发到项目，十年前，都是先把项目的预算审批后一次性打账到项目，一旦出现寅吃卯粮，项目的后续阶段真的是无以为继，项目经理更多的是画饼提升士气，恳求项目团队再努力点把项目完成，下一个项目提高预算来补偿大家此项目的预期超额部分。因为预算一次性到位，一旦项目预算没计划好，没有精准的成本控制，往往是项目前几个阶段花钱大手大脚，比方频繁的团队活动，高成本招人等。一旦启动项目，很多时候到最后因为没有更多的资金而导致项目停止或宣告失败，并草草进入收尾阶段。

罗宾把项目集管理学到的阶段性资金到位的做法用到这次的项目管理中，从而控制好每个阶段成本的花销，同时注意资金的流向，为下一阶段的资金使用的分析提供数据依据，最主要是对不合理的花销进行监控，把钱花在刀刃上，确保整个项目的生命周期，在资金方面是安全的、可控的。

罗宾发现阶段一虽然已经超预算30%，但此阶段核心的两部分功能点：下订单和商品管理模块是顺利交付的，而且客户对此比较满意。罗宾公开透明地把项目此阶段超预算和阶段一核心功能成功交付并获得客户认同的信息分享给了整个项目组。其实在公开分享这些信息之前，罗宾召集了项目核心成员经过了几轮的沟通分析，包括：

- 收集所有关于超预算的活动和功能模块信息，根本原因是什么。

- 进行项目完工尚需估算（公式 ETC=BAC-AC），具体的估算方法依据数据和项目目前的完成情况等。

最终，经过分析罗宾和核心成员一致认为这是一次偶然性，后续不会发生，项目整体可控，而且还是可以保持原有的预算计划。罗宾也整理了所有需要的汇报信息，向项目总监以邮件的方式发了一份 PDF 的阶段一的项目汇报，计划召开第一阶段评审会进行讲解和确认。

【案例分析】

现实中的项目，由于项目进度延期，导致成本超预算是十分普遍和常见的事情，一般来说主要原因如下（以8A公司为例）：

（1）成本估算法做预算

一般而言，会有自上而下或者自下而上去做成本估算。自上而下的估算方法有参数估算法、类比估算法、专家判断；自下而上的方法则主要通过统计每个工作包的费用而逐级估算，相对准确，但是耗时。然而，在实际案例中，企业转型是没有先例可循和模式可以抄，企业管理层往往都是根据市场变化而快速调整，因此往往采用自上而下的估算方式进行。在项目规划阶段，对于成本基线的评估就往往容易出现偏差，高层对资金投入往往倾向低估。

（2）项目ROI设置不合理

所有项目，不论大小都应该设置有投资回报率等KPI。项目总负责人在项目规划阶段，会整合各个子项目时间线，并把各个分散的ROI统筹起来，形成一个总的ROI。企业高层往往希望少花钱多办事，希望有更高的投资回报，所以项目经理往往会编制相对虚高的ROI项目预算。

（3）需求动态变化

项目执行时，企业外部和内部的需求都在动态变化。企业内部的需求，主要来自项目发起人和高管，他们的需求往往要得到更快的响应。一方面他们本身就是资源的提供方；另一方面是高管的影响力。而企业外部的需求的变化，则会更多影响企业战略，需要企业根据外部变化而做调整。无论是内部还是外部的需求变更，这样的调整往往需要调用额外的资源去完成。

　　作为项目经理，我们的使命就是让项目达成交付，为了完成项目的目标，首先确保项目进度是受控的，变更审批经过项目变更委员会同意的就可以去做，不应该担心超预算而不敢作为；其次，可以采用阶段性资金到位的做法，这样可以预防寅吃卯粮的情况也能很好地监控预算的使用情况，类似于项目计划，项目预算的编制过程其实也是渐进明细的过程。

四 ▶ ▷

精品项目管理法则

金矿挖掘开采，要想最终成品卖个好价钱，其中的质量把控少不了。质量管理可以说项目团队人人有责，只有每个人把自己负责的流程任务做好了，整体质量才有保证，精益求精也是项目质量不懈的追求。好的质量是项目成功通过验收的基础，过程和细节把控很重要，事做细，心里有数才能避免验收阶段的爆雷。除此之外，项目管理过程也是时时刻刻的风险管理。古语有云："运筹帷幄之中，决胜千里之外。"我们需要早期识别、分析风险，并制定风险应对，时刻做好监控，并及时实施风险应对以保证项目最终的成功交付。

1 把握项目质量管理标准

项目的质量管理是贯穿整个项目管理和项目全生命周期中的一个重要组成部分，然而对比其他的项目管理工作，质量管理时常被忽略甚至不受重视。在项目管理的过程中，项目成员对于项目目标是比较容易达成共识的，对于项目的进度问题，如进度延误等也是比较容易发现和及时处理的。但对于项目质量管理，由于涉及细节众多且需要有一定专业知识，有时候会比较复杂，因此非常容易被忽视，质量管理做不好也会导致项目不能通过验收等严重问题。从过往的项目经验来看，导致项目质量管理经常被忽略的原因有：质量管理的理念不到位；项目质量本身不容易辨识；某些项目比较难定义清晰的质量标准，因此也比较难在项目过程中有效控制。

【案例】

8A公司经过前期的市场调研和招投标终于承接了这款在线教育系统的项目，目标在于开发一款适合职场人士的在线教育软件，这款软件还希望可以支持当下比较热门的直播、视频、分享、闯关打卡等功能。罗宾被任命为此项目的项目经理。

8A公司按照软件开发行业的最佳实践的要求建立了一套属于8A公司的质量管理体系，对于项目管理、软件开发等流程均有明确的书面规定。但是公司中也有不少同事认为这套管理体系的要求对于项目来说有点多余，主要是因为在开发测试过程中条条框框的约束太多，有部分参与项目的同事往往在项目结项前才把质量体系要求的文档补齐以便能通过结项审批。公司负责质量把关的同事对此也不是特别的在意，也默许只要在项目结束前能把文档补齐，就不会干涉项目推进。因此，这套质量管理体系"食之无味，弃之可惜"。

眼看着这款在线教育系统的项目就要开始动手了，作为项目经理的罗宾不想继续走老路，他决定给小伙伴们补补课，重拾项目质量管理标准。

罗宾组织了产品经理和开发经理对客户的需求进行了调研，通过对用户需求分析和整理，项目组制订了一个总体的产品技术方案，然后罗宾制订了一个高层级的项目质量管理计划：

①对市场上的已有的比较成熟的学习平台进行调研，选择一款比较灵活开放的平台采购。

②利用公司已有的软件开发人员在这个平台上进行二次开发，以满足客户定制化的要求。

③等待二次开发完成后，邀请用户对这款在线教育平台进行联调测试和压力测试，以满足峰值时候用户访问的性能要求。

④等全面测试完成后，就可以完成交付上线，并移交运维组开始日后的平台运维管理。

【案例分析】

我们先说说传统质量和现代质量管理的不同观点：

表4-1 传统质量和现代质量管理的不同观点

传统质量管理观点	现代质量管理观点
质量就是指产品的质量	质量不只是产品，还包括过程
质量管理只是质量部门人员的事情	质量管理，人人有责
对于质量事故，基层人员负主要责任	质量责任高层管理者承担80%的责任
质量越高越好	质量就是满足需求、适用、客户满意，需要考虑成本与收益
缺陷是不可避免的	力求把事情第一次做对，成本最低，争取实现零缺陷
改进质量是被动的实践，主要靠检查和返工	改进质量要靠主动的实践，提倡预防和评估

通过上述对比，从现代质量管理观点看，我们不难发现，不论是作为公司的高层、项目经理还是项目成员，每一个人都要对质量管理负责，并且只有通过对项目全过程质量的主动管控，才能确保项目的高质量。

我们要如何做好项目质量管理呢？通常我们通过下面的三个过程，即**规划质量管理、管理质量和控制质量**来做好质量管理的工作。

表4-2 质量管理三过程

质量管理三过程	各过程的主要目的
规划质量管理	识别项目及其可交付成果的质量要求和标准，并描述项目将如何证明符合质量要求标准的过程
管理质量	把组织的质量政策用于项目，并将质量管理计划转化为可执行的质量活动的过程
控制质量	为了评估绩效确保项目输出完整、正确且满足客户期望，而监督和记录质量管理活动执行结果的过程

规划质量管理包含定义质量要求、标准和制定项目质量管理计划。

在一个项目开始前,第一步就要确定这个项目的质量是什么,然后再考虑接下来我们如何制定衡量质量的标准,以及如何保证质量的计划。

为什么我们要强调先要准确识别项目质量呢?在很多情况下,我们都不知道这个项目或这项工作的质量是什么,要想管理好质量,首先就要清楚地知道这个项目的质量要求是什么。项目管理协会针对质量给出的定义是**"满足需求,符合适用性"**。虽然这个定义很简短,但包含了重要的信息。**"满足需求"**意味着要能明确地定义利益相关方(例如你的用户)的需求,并且通过项目来实现这个需求,如果无法满足需求或者低于需求那就是质量不达标;**"符合适用性"**意味着你的质量无需过高,我们需要做到客户满意的同时,考虑项目的成本与收益,做到质量和成本的平衡。

制订项目质量管理计划,我们需要在规划的阶段把如何管理质量的几个方面考虑进来:包括质量管理的角色和职责;可以应用的工具和技术;需要哪种类型的测试环境;团队何时、如何衡量质量;有哪些是需要检查和测试的;如何验证可交付成果。

在管理质量和控制质量的过程中,我们需要将关键时间节点前置,保证项目测试的时间和质量。

项目经理需要明确项目中里程碑事件的时间节点,并且需要知道什么时候平衡项目的进度、范围、质量、成本和风险。在管理质量的过程中合理分配花费在质量管理上的精力,我们花在质量上的时间应该与项目规模和项目复杂程度相匹配,注意质量成本,使得项目成本不超过整体收益。安排定期的产品质量检查和测试,测试包括常规的产品性能测试、用户测试,如果是软件产品,我们还要进行端到端的测试和压力测试以确保在大量用户访问系统时候的不会导致崩溃。通过这些安排,让团队尽可能在项目早期发现更多的缺陷,这将节约很多时间和费用。

质量管理涉及细节众多且复杂,项目经理不仅要遵循质量管理体系,精准判断识别质量指标并根据项目质量管理计划进行过程管控，更要注重发挥管理层的重要作用，在项目开始之前充分拉通管理层制订项目质量管理计划和标准，并且在项目执行过程中要保证管理层和利益相关方都要知道项目的质量管理标准和实际的推行进度，保证项目的最终效果。

2　质量管理贵在细微

俗话说得好："台上一分钟，台下十年功。"做好一个项目实属不易，需要调动多方人员共同配合，但往往可能会因为某一处未做好，就导致整个项目最终的失败，所谓"一招不慎，满盘皆输"。例如在项目中我们经常会在用户验收测试（UAT）这个环节"躺枪"，究其原因往往还是大家对项目质量的认识不足，在过程中缺乏把控，同时也可能存在对UAT的不重视，种种这些最终将使项目无法达到质量要求而导致客户拒绝验收的后果。

【案例】

按照前面梳理过的项目质量要求和重新确认过的项目产品需求，罗宾预计这款新的在线教育学习平台应该可以比较顺利地完成系统开发、测试和上线，但是罗宾在项目中期的质量检查中却发现了UAT测试比较严重的问题，项目的UAT都是由项目的测试人员代劳了。罗宾立刻把项目组的成员都召集在一起，细问大家为什么这么做。

原来之前项目组重新梳理项目的产品需求导致项目的进度有了2周的延迟，如果按照原定的测试安排让业务方人员进行测试，可能会进一步导致项目上线时间的延迟。与此同时，客户在经历了需求重新梳理之后已经表示担忧，如果这款产品不能按时上线达到预期占领市场的目标，将对这个项目的成功，以及公司的整体战略目标达成造成比较大的影响。正因为如此，项目组为了赶追进度，决定加班加点替业务同事把UAT做了，这样可以减少上线前由于用户不熟悉新系统导致测试过程太长和最后上线晚点的问题。

听完大家的解释，罗宾对大家这种不当的"互相补位"感到哭笑不得，一方面他觉得整个团队的合作精神值得点赞；另一方面又深感团队在如何落地项目质量管理的实践上还是需要有的放矢。他告诉大家，这样的"互相补位"其实更浪费时间，系统测试和UAT测试的侧重点是不同的。系统测试（SIT）通常由IT人员主导，目的是完成对系统功能开发的检验；UAT通常需要由业务的相关人员参与，测试关注的是业务流程是否通畅，是否符合业务的需要。在系统测试还没有完成的情况，不建议直接开始UAT，因为主要功能和流程都还未完全跑通，问题会层出不穷。功能阻塞、排查问题、返工修改问题等，这些会大大降低UAT验收的效率。而且UAT过程频繁地被打断，会消磨验收人员的耐心，打消其积极性，进而产生很多抱怨。因此，不论从人员和测试用例都不能完全照搬。另外，UAT验收用例输出过程中需要经过相关方评审才能定稿，这也是查漏补缺、明确验收范围的过程。

最后，罗宾让IT的关键角色（主要是开发和测试组长，高级业务分析师）马上进行一次SIT并通知业务相关人员进行UAT测试，经过大家的共同努力，最后产品成功上线，但项目成本比预算增加了6%（调了两个高级测试人员，项目后半段每周末测试人员轮换加班）。

【案例分析】

现代项目质量管理越来越多地提倡"零缺陷"，它意味着"第一次就把事情做对"，"防患于未然"，要求项目团队从开始就要对项目质量管理有正确的认识，同时也要求项目经理营造一个追求质量、精益求精、兼顾质量与效率的工作氛围。我们通过大量的项目实践中总结出项目质量管理的四大要点，高度浓缩了项目质量管理体系的精髓。

（1）客户导向

以客户为中心，把满足客户需求令其满意作为衡量质量标准的关键尺子。我们不但应该了解顾客当前的需求，而且要了解其未来潜在之需求。首先，我们应该梳理项目质量要求，并再次确认项目产品需求；其次，满足客户的需求，如案例中需要满足客户的公司战略需求，按时上线系统以达到预期占领市场的目的。

（2）过程管理

将质量管理的关注点从结果检验转变为过程监控，这种过程管理体现在**时间坐标**和**空间坐标**两个方面。

在时间坐标上，将整个项目实施视为一个工作任务衔接的流程，通过对工作流程的分析，识别和精减那些无效益的工作环节，理顺分工的接口，形成目标合力，减少扯皮内耗。在流程链条上建立相互监督机制，让每个工作环节的下游工序都变成上游工序的客户，依次对上游进行质量监督。所以，在软件测试阶段，有两个很重要的测试：它们的顺序是先系统测试SIT，待测试结果是正向的，然后进行用户验收测试UAT，是因为SIT通常由IT人员主导，目的是完成对系统功能开发的检验；UAT通常需要由业务的相关人员参与，测试关注的是业务流程是否通畅，是否符合业务的需要。

在空间坐标上，将整个项目实施视为一个各类资源的集成活动，通过对相互依存的组合要素的分析，识别并优化各类要素功能指标，在其衔接的接口处严格把关，加强沟通，分享信息和技术资源，确保最终产品的质量标准。案例中IT人员代替或帮助业务人员完成UAT测试，其实在软件行业特别是在赶工的时候很常见，但这是没有做到衔接口把关的要求。正确的做法IT同事完成他们部分的SIT从技术角度把关后交由业务同事从业务角度把关，才能使得最终产品和项目交付达到质量要求。

（3）全员参与

质量问题人人有责，它绝对不只是质量检查人员（包括项目的测试人员）

的职责。项目的高质量支付包括在产品需求阶段正确地识别客户要求，在产品开发阶段完整地交付需求，在对应的测试阶段提前暴露问题，在项目转运营阶段主动识别质量的风险。通过这种主人翁的心态，把不断提高项目质量变成一种自觉的行为，从而把质量责任落实到每一个具体的阶段每一个具体的人头上，通过项目成员之间的互相协调和理解，共同提升项目质量。案例中，从梳理项目质量要求到项目经理中期的质量监控，UAT测试IT人员的参与等就是大家人人为项目的质量努力把控，尽量实现零缺陷。

（4）持续改进

不管是威廉·戴明博士提出的PDCA循环，还是戴维·苏马斯博士提出的总生产力模型，质量提高都是一个循序渐进的过程。质量管理理论如全面质量管理、精益管理，或六西格玛等，都为质量管理提供了有力的武器。我们需要把追求质量精益求精作为组织永恒的目标，不断识别改进机会，不断提高质量目标，不断采取改进措施，从而实现质量的螺旋上升。案例中，UAT验收用例输出过程中需要经过相关方评审才能定稿，这也是查漏补缺、明确验收范围的过程，测试阶段的SIT和UAT都是体现为了达到项目质量要求，持续改进项目过程出现的缺陷或不足。

努力第一次就将事情做好，这是我们在项目质量管理过程中提倡的。我们往往也会借助公司管理层明确地向组织传递质量管理的重要性，明确质量管理在整个项目管理中的战略地位，提高全员的重视度和参与度，在实际项目推进中也能更好调动并配置资源，从而有助于项目质量计划的制订和落实，更好地驱动质量的持续改进。

3 采购管理"六板斧"

做好计划，有条不紊。项目管理的过程中，有各种困难和问题，如果只是公司内部的难处相对来说还算容易，因为我们可以吃透流程，按章办事，再难搞的人，一封邮件抄送到他的直接上级就基本上事成一半了。

但是对外，涉及外部组织的管理就不容易。采购管理是一件令人头疼的事，管理不好，就会赔了夫人又折兵，花了钱本来是为了风险转移，但最后导致自己的项目不成功。这次我们聊聊采购，以下案例是关于开发App需要采购服务器的事，我们看看采购通常有什么步骤和注意的点。

【案例】

作为App上线的另一个事宜，需要购置新的服务器。原因比较简单，App日后会有4个板块的教育课程，精益改善、企业财务、企业数字化方案、项目管理咨询，每个板块下都另外有4~5个视频课程上线。每个视频可以接受最多2000人的同时在线播放，而且学员或者客服的沟通全部在线上，所以客户的资料和需求都会被保存在服务器上，所以原有的服务器已经不能满足需求，需要重新购置。

罗宾拿着采购申请，找到了采购经理和PMO，希望PMO负责和采购经理的沟通，并安排相应的合同、支付等事宜。PMO随即记录在案，采购经理建议和架构师、项目总一起开会，商讨采购合同和相应的采购标准，而且采购经理也把公司原来的合格供应商名单从采购系统中调出来，看看哪家会比较合适，然后再发出采购邀约，事情有条不紊地进行着……

一周后，本来预算20万元租用8台服务器，采用二主六从的主从服务架构模式，以便提供服务器不停歇的无时无刻无缝上线机制，最大量保证最大同时在线40万人在线观看学习视频或后台提供在线服务等，以及预估每年翻倍的注册新用户的量。但在最后预算批准下来，共18万元（比预算少了2万元）。罗宾看到最终的财务批准的账目，马上找架构师及开发及测试的组长，还有采购经理及PMO，希望集思广益想想解决方案。按照原来方案，采购经理也尽了最大努力跟各供应商沟通尝试把价格压低以使在批准预算内，可是调研后发现，这些供应商都是公司原来有合作的，已经是报了比较优惠的价格了，并没有减价空间。如果硬要把价格降低只能降低产品的配置了。通过与相关供应商了解信息，并且内部讨论，项目组在需求上做了调整以保证符合预算要求，有以下两个方案：

方案一：租用企业版物理服务器，维持二主六从，配置性能上有所调整，主服务器关键指标选择高CPU，从服务器关键指标选择高储存量；

方案二：继续选择高配的主服务器，两个主服务器，从服务器：四加二，即从服务器配置四台，加另外两台虚拟高配服务器相搭配。

经过大家激烈的讨论，最后以架构师从企业的整体技术架构的性能及后续强劲的新用户量的综合考量，选择方案二，因为两台虚拟从服务器主要是考虑数据备份的储存空间，CPU的性能关键因素其实也影响不大。

经过项目技术的方案分析和决定，罗宾马上找PMO和采购经理沟通，并希望追加一个要求，在租用期限上可延长2~3个月。PMO和采购经理，把此要求增加到采购要求里，以补充需求发给了各供应商，这也将会成为其中的一个合同条款，等确定供应商后，签署相关的合同。

【案例分析】

通过以上案例，我们可以梳理出采购的六个步骤：

第一步：确定采购计划，明确采购需求。

采购过程的第一步是根据业务部门的需求，制订整体的采购计划，明确需要在什么时间节点之前完成哪些关键的步骤，紧接着就是识别和确认业务需求，包括待采购的商品或服务，对应的要求和规格，以及大致的预算。

第二步：选择、考核和确定供应商。

采购流程中很重要的一步是选择合适的供应商，不仅要考虑供应商可以提供高品质的产品或服务，还应考虑是否提供合理的价格。

我们可以从公司现有的供应商库里筛选合适的，或者通过对新供应商的考核来认证新的供应商，往往我们可以通过报价邀请书RFQ（Request For Quote）、信息邀请书RFI（Request For Information）和建议邀请书RFP（Request For Proposal）等流程来逐步缩小筛选的范围，找到合适的供应商。在评估供应商的过程中，我们需要从多个角度考虑，包括供应商的行业声誉和认可、供应商的财务健康水平、产品或服务质量和定价、日常保修和保证条款及客户服务等。

第三步：询价、比价、议价。

经过海选（RFQ）和初选（RFI）之后，往往供应商的名单会缩为3~5家（视项目的复杂程度而定），他们大致上能满足采购的产品或服务的主要需要，接下来我们还可通过RFP对供应商进行更详细的评估。在最后一轮的评估中，我们往往会在价格的确认上花比较多的时间。这里需要注意的是，把供应商压榨到无利可图绝对不是明智之举，现代采购理念更多是"双赢"和利益共同体。我们要找的供应商是能真正理解我们的采购需求，如哪些需求是必不可少的，哪些是可有可无的，并提供适合我们的采购方案的供应商。同时，我们也要理解供应商的成本结构，让他们有一定的利润，但又符合市场价格，符合采购三方比价，满足项目预算等要求。

第四步：确认供应商和采购合同、采购订单。

在完成供应商确认之后，我们还会进一步确认合同（Purchasing Contract）和工作说明书（Statement of Work），这两份文档会约束接下来的过程中对所采购产品或服务的交付要求、付款条款、信息保密和披露要求、供应商退出条件等。

接下来便是继续走采购流程完成采购申请和采购订单：提出采购请求（PR）。PR包括商品或服务、价格和数量、供应商信息和审批流程的描述。一旦PR获得批准，财务团队将向供应商发布采购订单（PO），其中记录了PO编号、付款条件、供应商信息等信息。

第五步：确认并收货（产品或服务）。

根据合同的条款和工作说明书，供应商会提供产品或服务的交付，这时候项目经理往往会作为第一责任人对交付物进行审核，审核通过之后可能还要请PMO和财务等部门进行对应的专项审核。只有在规定的交付时间、符合质量标准交付的产品或服务才能予以付款，否则我们要和供应商进一步沟通，并可能需要他们完成整改之后才付款。

第六步：付款、开票、存档。

当我们对供应商交付的产品或服务确认之后，可以根据采购合同中双方约定的支付条款进行付款和开具对应的发票，可以选择先付款后开票，或者先开票后付款。公司在收到发票后，对支付凭证、发票、对应的邮件记录等进行分类和跟踪是很重要的，尤其是今后在应对审计的时候很有帮助。

4 项目风险无处不在

项目从开始的那一刻起，就存在着风险。项目风险是不确定的事件或条件，一旦发生，就会对项目的范围、进度、成本、质量等造成影响。严重情况下，甚至可能对组织的声誉或者财务造成影响。

作为项目经理，我们要对风险存有敬畏之心。我们要从项目风险的识别和评估，到发生风险时可能造成的影响，以及风险发生后的应对，都要做到心中有数。这样在风险一旦发生时，可以做到心中不慌，进行有效的应对。

【案例】

8A公司的电商升级配套项目——物流系统升级。由于电商业务会遇到爆单等情况，导致物流发货都集中在同一时间，过多的货车导致道路拥堵，影响周边居民生活，可能会引起政府的关注。项目经理杨凯非常清楚，项目有很多不确定因素。如果因为不确定因素导致项目出现问题，对项目的成败、项目组成员和发起人林杰都影响非常大。

作为经验丰富的项目经理，杨凯非常明白项目风险管理的重要性。从项目初期就非常注重对风险专门管理，早早启动风险识别和风险评估的专项任务。

在明确项目范围后，项目经理杨凯立即邀请法务、制造、运营、供应链、总裁办召开了的项目风险讨论会。在会上，了解到项目**需要6个月实施**，公司法务和政府关系代表菁菁，首先就指出下个季度政府可能很快会有限期整改的要求，可能会因为这项政策风险，**项目需要在3个月内完成**，这样项目进度和资源投入上都会受到较大影响。针对政府整改政策风险，项目组经过风险分析后，认为这项是政府强制性要求，不能回避，一旦发生，只能实施风险应对措施以降低对项目的影响。

除了召开风险讨论会，项目组专门针对项目的业务流程做了探讨，分析业务流程图的关键节点，发现整体效率提升依赖司机执行。司机预约通知的触达有效性、司机是否按照预约执行等跟司机依赖的节点都是项目的挑战。如果司机的能力及理解不到位，将会导致项目效果大打折扣。识别出的人力资源风险，项目组会专门制定因司机能力不足的风险应对方案。

为了吸取其他项目的经验，项目组拿出公司的项目风险核对表，进行相应的风险识别。在风险核对表中，供应商技术能力是一个关键点，该系统是公司通过采购第三方系统及定制化开发服务提供，供应商的技术稳定性需要全面评估，可能存在技术风险。

经过一系列的风险评估工作后，团队成员已经识别出来项目可能遇到的各种风险，并且一一记录下来。接下来进行风险评估，分析各个风险之间的关系，按照风险发生的可能性、影响程度进行排序等，为最终输出了一份风险清单。

【案例分析】

风险管理过程包括风险识别、风险评估、风险应对和风险监控。一个优秀的项目管理者在做好项目战略规划的同时，必然会同步进行项目风险的管理。有效的风险管理会提升项目战略落地过程中的收益。风险识别可以通过会议的形式，邀请项目的核心相关方参与会议，全面讨论可能发生的风险。过往项目中发生的风险也可以作为一个参考，此外通过项目关键成员的访谈也能够帮助有效识别风险。

风险识别的主要方法可以分为两大类：一是从主观信息源出发；二是从客观信息源出发。

表4-3　风险识别两类信息源

类型	方　　法
主观信息源出发	1. 头脑风暴法：集中团队成员召开专题会议识别风险 2. 德尔菲法：在团队中选出专家，采用匿名函询的方式收集专家意见，进行整理、归纳、统计再反馈给专家，再次征求意见，再集中，再反馈，直至得到一致的意见 3. 情景分析法：假定某种现象或某种趋势将在未来出现，对相关问题的系统分析，发现潜在风险
从客观信息源出发	4. 流程图法：建立项目的总流程图与各分流程图，分析环节之间与各自存在的潜在风险 5. 核对表法：对照已有的风险核对表对本项目的潜在风险进行分析识别 6. 财务分析法：通过分析资产负债表、营业报表及财务记录等，识别本企业或项目当前的所有财产、责任和人身损失风险

识别风险后，需要全面进行风险评估，对风险进行定性和定量分析，分析风险发生的概率、评估风险可能造成的影响，并确定风险的等级。

在评估风险影响时，需要考虑项目成本、进度、范围和质量等制约因素，以及组织风险承受力和组织的风险偏好。即使风险相同，由于每个组织对各种风险的承受度不同或者风险偏好不同，后续风险应对计划决策可能会有较大的偏差。

在进行风险评估工作时，可以首先列出风险识别过程中发现的项目风险清单；然后根据项目实施情况，对风险之间的关系进行分析，识别不同风险之间的依赖关系；随后对风险发生的可能性和造成的影响程度进行评估，并给出对应的风险评估分值；最后按照评估分值由大到小的顺序进行排序，最终形成的风险评估表。高评分的风险需要重点关注。

风险识别和分析完成后，最终会输出风险登记册，作为后续风险管理的基础。在此给出一个风险管理的登记册示例。

表4-4　风险登记册示例

项目名称	8A物流系统升级项目		预计完成日期	2022/12/15
项目发起人	林杰		项目经理	杨凯
文档修订日期	2022/7/5		版本号	V1.0

序号	风险描述	潜在影响	发生概率	影响程度	风险等级	风险应对	负责人	状态
001	政策风险-针对8A公司物流发货导致道路拥堵问题可能下个季度政府会有限期整改的要求	一旦被要求整改，项目则需要赶工在3个月完成，项目资源投入需要大幅度增加	0.7	0.8	高			
002	技术风险-采购第三方系统，可能存在稳定性问题	系统不稳定可能导致无法安排物流发货	0.5	0.7	高			
003	人力资源风险-整体效率提升依赖司机执行，司机预约通知的触达有效性、司机是否按照预约执行等，如果司机的能力及理解不到位，将会影响项目最终改善效果	影响物流系统升级的效果	0.5	0.4	中			

5　做好风险管理

项目风险并不可怕，做好风险管理就可以保障项目的成功。我们在完成项目的风险识别和风险分析后，需要后续制订风险应对计划，并时刻监控风险。一旦发生风险，可以按照风险应对计划执行，将风险的影响降到最低。有句话说得好，未雨绸缪，有备无患。

【案例】

8A公司的物流管理系统项目，项目经理杨凯组织项目组成员完成物流管理系统的风险登记册整理后，开始着手准备风险的应对计划。各个风险的特点不同，制订风险应对计划的策略也不一样。对于项目风险评估分值高的重点关注风险，都必须一一做好风险应对计划。

首先，政策风险。政府可能很快会有限期整改的要求，对项目进度和投入上有较大影响，必须要采用积极的应对策略。经过项目组全面分析，系统在3个月内上线的可能性低，如果采用赶工的方式，项目的质量无法保证，而且项目的成本投入将大幅提高，可能会导致拥堵无法缓解的同时，经营部门也会大受影响。经过与市场代表雨晴、制造代表贾珍、法务和政府关系代表菁菁全面沟通，制订了减轻风险影响的应对计划。

整个风险应对计划由政府关系代表菁菁和市场代表雨晴协同负责。菁菁加强与政府的沟通，及时与政府反馈进展，希望政府部门在了解到实际的改进进展和计划后，不会发出整改通知。考虑政府仍可能会发出整改通知，雨晴提前要求运营减缓月底发货量，同时安排在月初提前发货，减缓季末拥堵的可能性。该风险应对计划，被记录在风险登记册中，在每周的项目例会中，进行审视和持续跟进。

其次，供应商的技术风险。杨凯与采购专员丽琼专门进行了沟通，在合同层面，明确技术指标，并针对技术指标和人员保障上增加了相应的罚则条款。如果供应商无法达成要求，能够做财务风险转移。

为了确保所有风险得到持续监控，每个风险都在项目组内安排相应跟进人，跟进风险进展，如果风险发生，协同推进风险应对方案的负责人的执行。在每周的项目例会，由各风险跟进人汇报进展。

风险登记册上也登记了应对措施，负责人及状态信息：

表4–5 物流管理项目风险登记册

序号	风险描述	潜在影响	发生概率	影响程度	风险等级	风险应对	负责人	状态
001	政策风险–针对8A公司物流发货导致道路拥堵问题可能下个季度政府会有限期整改的要求	一旦被要求整改，项目则需要赶工在3个月完成，项目资源投入需要大幅度增加	0.7	0.8	高	减轻：（1）增强政府沟通，并及时反馈项目进展以争取政府不发整改通知。（2）雨晴提前要求运营减缓月底发货量，同时安排在月初提前发货，减缓季末拥堵的可能性	菁菁、雨晴	进行中
002	技术风险–采购第三方系统，可能存在稳定性问题	系统不稳定可能导致无法安排物流发货	0.5	0.7	高	转移：在合同层面，明确技术指标，并针对技术指标和人员保障上增加了相应的罚则条款	杨凯、丽琼	进行中

【案例分析】

上述案例，**项目进行风险应对时，制订并实施风险应对策略和计划是非常重要的一点。**

风险应对计划有多种，每种风险应对计划都有各自的特点，按照项目的特点和背景，选择合适类型的风险管理计划。

表4-6 风险应对计划类型

风险应对计划类型	说　　明
规避	选择其他的执行方案来避免该风险 当项目风险潜在威胁发生可能性太大，容易导致严重后果，又无其他应对策略时，主动放弃项目或改变项目目标
减轻	这是一种积极的风险处理手段。是通过缓和或预知等手段来减轻风险，降低风险发生的可能性或减缓风险带来的不利后果，以达到风险降低的目的 风险减轻措施需要具体可操作，例如汽车增加安全带，气囊属于风险减轻措施，降低车祸对生命的威胁
接受	不主动管理风险，而是听任风险发生后再进行补救和处理，或者准备一定量的应急储备来应对风险发生的后果 一旦项目实际进展情况与计划不同，就动用后备应急措施，项目风险应急措施主要有费用、进度和技术三种。在预算费用上预留风险准备金；在项目进度计划上预留一定时间应对风险导致的延期；在技术上准备多种替代方案，避免单一技术不可控的影响
转移	将风险转移至其他人或其他组织，其目的是借用合同或协议，在风险事故一旦发生时将损失的一部分转移到有能力承受或控制项目风险的个人或组织 具体实施时可表现为： 财务性风险转移，如购买意外保险属于一种风险转移措施 非财务性风险转移，例如以合同的形式把某些工作和责任外包给供应商，将相应风险转移到供应商等其他人或组织身上

制订了风险应对计划后，风险会随时项目的推进，出现变化。某些风险会因为风险应对计划的实施得到缓解。某些风险会随着外部环境的变化而消失，但也可能会带来的新的风险。**在项目执行过程中，需要时刻监控风险的发展与变化情况并识别新的风险**。风险的监控是一个实时的、连续的过程。当项目的情况发生变化时，要重新进行风险分析和调整应对计划，针对发现的问题，及时采取措施。

监控风险的进展，很多时候，具体落地执行是在项目例会上，审视风险登记册上的每一个风险，并将发生在当前阶段的风险拿出来重点审视。按照风险的进展，实施风险应对计划中的行动。

每个风险的应对行动需要落实到人，只有把风险应对计划落实到"一个有资源、有权利的领导，加上一个有时间干活的项目成员"身上时，风险应对计划才更容易落地。

风险时刻存在，黑天鹅和灰犀牛事件也是不可避免。对风险有敬畏之心，**做好风险识别和评估，提前做好风险应对计划，持续监控风险做出调整应对，遇到风险也能从容面对。**

6 在交付管理上为项目续动能

项目由于有时限性的要求，项目经理可以采用分阶段实施交付。分阶段交付有利于争取项目干系人的支持，有利于项目团队的建设，有利于推动项目的整体交付。项目的交付大体分两种：一种是整个项目全部完成进行一次性交付，这是传统的交付方式，广泛应用基础设施建设、制造业等实体行业；另一种是软件行业近些年广泛应用的阶段性交付，把整个产品分成几个可衡量的阶段性任务，完成阶段性交付成功才会进行下一阶段的资金追加进行下一阶段的任务，否则一旦与公司战略不一致或收益不对等，直接会取消整个产品的研发。这里谈的就是阶段性交付。

【案例】

8A公司的培训App软件已经进入上线内测阶段，内测时间计划是6周。从测试开始的第一天杨光就每天都发布内测报告给开发组，将测试中发现的问题立即反馈；开发组收到测试报告后，当天开始对代码和视频进行调试，基本做到每2天一更新。这个往返十几个反复测试、调试、再测试的循环后，后台数据显示视频和App平台的兼容合理，运行平稳，内测经理签发内测达标通知书，项目组经理向项目总监申请App正式发布！

在召开发布会后，罗宾给所有的项目经理发了邮件，要求各项目组准备移交项目收尾的文档，并于10天后把文档交付PMO处汇总。同时，罗宾安排了知识转移的分享会，对运营部门进行产品使用详细操作指导，并说明线上App出现问题或有新的用户功能改进意见等都可找项目部门。

项目负责人和PMO在汇总此阶段的文档，并准备项目验收和经验分享。

这个阶段性的成果发布，标志公司向数字化转型迈出第一步。罗宾计划把此阶段的经验分享安排在下一周，确保在下一阶段项目启动之前，项目成员已经过一周的时间调整，恢复活力和斗志，大家对公司未来的发展充满期望。

此阶段分享会议的议题大概有以下几点：

- 总结项目组在内测阶段的经验和教训。
- 表彰先进团队和表现优异的个人。
- 向高层汇报项目进展和下一阶段的计划。

由于此项目是打响8A公司数据化战略转型关键产品，计划邀请项目发起人、各部门的领导及项目成员一起参加。

【案例分析】

项目为什么要设计为阶段性交付？这样有什么实实在在的意义呢？

（1）有利于争取干系人

如案例，App1.0的顺利上线，公司数字化转型的第一个里程碑，初步实现：线上视频课程管理系统、会员管理、线上课程支付系统、营销系统四大基础核心功能。通过阶段性收尾，可以看到各相关方的相互协作支持度，和参与积极性。在下一个阶段，项目是持续需要高层的互动和支持的。我们建议在相关方管理上，干系人登记册，权力和影响分析矩阵等要及时更新。跟项目相关方沟通的方式尽量使用面对面的沟通方式。

（2）有利于团队建设

项目的成功离不开每一个人的努力和付出，连续几个月的高压高质量输出，打赢了这场硬仗，及时对团队成员认可和表彰可以增强团队成员的自信心，提高整个团队的士气和凝聚力，这也是团队建设的一种方式。

（3）有利于需求的确认与落实，推动项目的整体交付

如案例，App1.0的顺利上线，也得益于用户验收测试，通过长达6周的内测，开发组和内测组利用办公室会议或视频会议积极沟通，通过不断地迭代更新，反复调试直至达到交付的标准。两个项目组通过迭代开发、持续沟通，最终把纸面上的需求变成了实实在在的产品，而阶段性的成果发布，也是确认此阶段的需求已经得到落实。

7　集思广益让项目验收更可靠

项目被分解成任务，任务再被分解成一项项工作。经过项目实施后，需要确认是否满足项目范围说明书中的需求，最终确保达成项目目标，交付项目最终成果（产品或服务）。

谁来确认项目成果，确认哪些成果，用什么样的标准确认项目成果，用什么样的方式确认项目的交付成果，这些问题都是项目规划阶段要有所讨论和确定的。如何通过科学有效的方法确认项目交付成果，非常考验项目经理的专业能力。

【案例】

历经4个月的全力投入，由于罗宾项目管理经验丰富，项目团队的资源也有保障，整体项目执行顺利，8A公司数字化转型战略蓝图设计已经完成，未来三年的数字化转型的落地场景实施方案也最终确定。项目到了此阶段确认项目交付成果的时候。

如何进行验收？各个部门的诉求不一，大家希望项目组明确项目验收标

准和统一验收方式，同时确认谁来做最后的验收。供应链代表林杰和制造代表贾珍建议除了各个部门的负责人参与评审，引入外部专家，通过专家评审会议，给出指导建议。

其实，如何进行验收，早在项目规划阶段已经讨论并确定了，只是项目时间进行了好些时间，大家都不记得而已。这时候，罗宾把之前项目规划时候讨论的结果又一次呈现给大家看。在项目确认需求的时候，就已经明确了验收标准和验收方式，如林杰和贾珍建议的，之前讨论结果就是通过专家评审来验收项目成果。

罗宾为接下来举办的专家评审会议做了充分的准备，他听取各部门的建议，邀请外部专家。提前将项目成果资料发送给专家评审，并邀请公司管理层CEO参加专家评审会议等。

专家评审会如期进行，在会上专家们都对8A公司数字化转型战略蓝图设计给予了高度评价，一致认为这是非常契合8A公司业务发展的数字化转型方案。专家们也提出了一个建议：数据共享方案的落地，还需要补充财务数据安全性的措施。项目组将这个新的需求记录下来，计划专门通过变更申请，提交项目管理委员会以做后续决策。

在会上，各部门也有发表各自的观点和建议，如市场代表雨晴，她从开始对项目持怀疑态度，到后来认可最终的实施方案。她说自己也参与项目方案的制订，方案中也恰当地反映了市场部的诉求并会有相应的变革措施。制造代表贾珍就认为咨询公司成泓非常专业，她对整个数字化转型方案和落地很有信心，也提到其中的调研问卷模板，非常专业，可以用作后续教培教材生产一线问题收集及流程改善中。财务代表彭杰妮提到项目中各个部门的协同上可以得到进一步加强，建议公司内部有专门的部门负责。这一建议得到了公司管理层的采纳，公司计划在明年筹建大数据和科技信息部，推动数字化转型的实施。

由于在整个项目交付和验收过程中，业务核心用户、项目组的核心成员、公司高层等多个项目相关方，从多维度参与和确认范围成果，大家对项目组的工作表示认可。在需求阶段产出了项目的需求文档和工作说明书（SOW）后，项目组及时召开业务部门的评审会议，并邀请外部业务专家确认需求的可行性，确保项目的范围说明书和需求文件与业务部门的需求匹配，支撑后续的落地实施。在交付阶段，各个部门都有成员参与实施方案的设计，给出相应意见。在验收阶段，召开多轮沟通会议，听取的各个部门意见，多轮调整交付的最终方案。同时，引入外部专家，通过专家评审验收交付成果，最终的验收过程比较顺利。

【案例分析】

上述案例中，我们表面上是在做验收工作，其实质是在确认需求是否能够在项目交付成果上得到反映。项目经理在项目交付的各个阶段都需要全盘考虑，及时让项目相关方进行相关成果确认，才更容易达成多方共识，确保项目成果得到多方的认可。

首先，需要考虑在哪个合适的阶段做项目成果的确认和验收。不同项目的生命周期，适合确认范围的时间阶段会有所不同。在有一定项目成果时，及时进行项目交付成果的确认和验收，能够有效降低项目范围变更导致的项目进度和成本的影响。如案例中，在需求收集和整体交付方案设计阶段都有在做交付成果的确认和验收。

阶段：
需求收集，定义范围

可交付成果：需求文档和工作说明书（SOW）
验收：
· 业务部门评审会确认需求和范围
· 外部专家确认可行性分析确认

→

阶段：
整体交付方案的设计

可交付成果：数字化转型实施方案
验收：
· 业务部门沟通会议
· 业务+外部专家评审

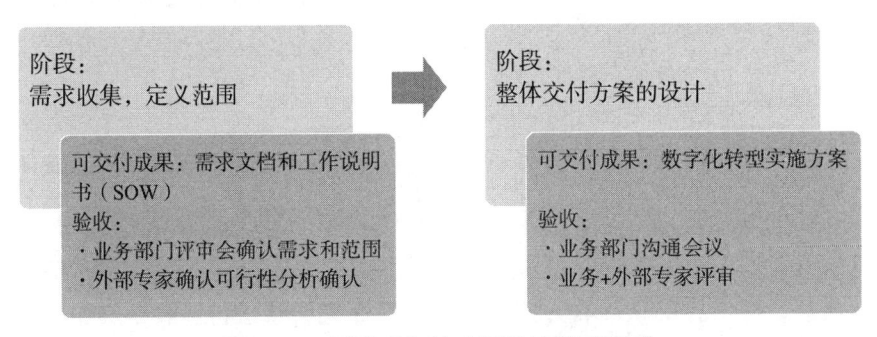

图4-1 项目可交付成果的阶段式验收

表4-7 不同项目生命周期可交付成果验收时间点的差异

项目生命周期	可交付成果的确认验收时间点
预测型	项目各阶段可交付成果完成时，可以在项目关卡评审会（gate review meeting）上进行确认和验收
适应型/敏捷性	每个迭代的尾期，快速获取相关方的反馈，供后续调整和迭代

其次，是需要考虑验收确认标准。验收的目的是检查项目可交付成果是否与需求目标一致。没有验收标准，验收无从开始。**范围说明书的验收标准，是确认范围的基础。**虽然在项目范围说明书中有描述验收标准，但是在实际情况下，我们很难按照书本理想中的情况来推进。在确认的过程中，需要考虑项目实施过程中识别业务需求、系统需求、功能需求等其他内容，**同时还需要参照项目的质量标准来进行验收。**

再次，要考虑谁来验收。通常情况是客户或核心项目相关方组织验收，**检查项目的交付成果。**验收涉及多方参与。项目不同的角色，在交付成果确认时，关注点有所侧重。

表4-8 不同相关方验收关注点

相关方角色	关注点
组织管理层	关注范围对项目的进度、资金和资源的影响，这些因素是否超出组织承受范围，是否在投入产出上具有合理性
客户	关心产品的范围，关心项目的可交付成果是否足够支持达成项目的目标。项目目标类型有多种，包含业务目标、功能目标、性能目标、质量目标等
项目管理人员	关注可交付成果是否足够和必须完成，时间、资金和资源是否足够，主要的潜在风险和预备解决的方法
项目组成员	关心项目范围中自己参与和负责的内容。定义范围中的时间，检查自己的工作时间是否足够，自己在项目范围中是否有多项工作，而这些工作又有冲突的地方

最后，要考虑确认验收方式。通过项目评审会议进行验收是其中一种方式。也有UAT（用户验收测试）形式对一些系统功能进行测试验收，或者其

他如邮件确认等形式。不管是什么样的形式，首先要确保验收、评审参与人员是有相应专业能力的专家或项目核心相关方；其次验收前需要完成相应的准备工作，给参与验收的相关方流出足够的应对时间；最后验收完成后，有问题需要持续跟进解决问题，如有前期没能识别的额外需求可以根据变更管理流程处理。

8　设立科学的绩效目标

企业战略目标能否实现与项目成败息息相关，项目的交付质量会影响企业的产品、运营、服务。每一个项目都是有需要实现的目标，那么实现项目目标是要靠团队每一个人的努力，因此，我们需要把项目目标拆解到每一个团队成员成为他们的绩效目标。但是怎么保证在项目里，员工能够切实履行属于自身职位范畴内的责任和义务，怎么衡量员工的表现呢？

在项目绩效管理的过程中，我们会遇到各种各样的挑战和问题影响绩效管理的实施，其中制定合理的项目绩效考核的目标和标准是影响项目绩效管理的关键。以下案例，希望能帮助大家在管理项目时更好地设立科学的绩效目标。

【案例】

罗宾是8A公司电商项目组的项目经理，他的电商项目刚刚起步，本次项目牵涉多个部门，有财务部、操作部、市场销售部、IT技术部、质量控制部、客服部、人事部和采购部等。本次项目的目标是要在6个月里搭建出电商培训平台，让现有80%的学员能足不出户，通过8A公司提供的线上平台进行学习和提高能力，最终实现公司战略的数字化运营。在项目启动的初期，罗宾在会议中向项目每一位成员讲述了各自需要负责的工作和职责，大家对项目安排的工作内容和时间节点表示同意。8A公司总经理A对此项目非常重视，因为他明白培训平台没有地域的限制能快速容易获取精准客户、减少培训场地限制和费用、加快运营资金的周转率。

总经理A对HR经理劼然和项目经理罗宾说："这个项目非常重要，要实现项目目标真需要每一位成员好好努力、好好表现，你们尽快协调，也给项目成员设立重要的项目指标（KPI），期间我会协助你们给予项目最大的支持。这个项目的成败会影响每个人的年终考核和奖金……"

劼然回应："A总，项目里的绩效结果应该占他们本年度绩效总和的百分之几呢？"

A总说："根据每个成员具体工作安排而定，如果这位同事半年的工作就是负责这个项目，起码要占全年绩效的50%。总体而言，这项目会影响我们明年的工作计划，只许成功不可失败啊。"

劼然和罗宾心想，要是把这个项目做成了，奖金可不少……

跟A总会面后，劼然对罗宾说："你也听到A总说的话，做好了好处可真不少，你什么时候能把项目目标分解并落实到每个成员的绩效指标并确定指标值呢？我建议指标的设计尽量齐全，能多不少，全方位把控保证项目的成功交付。"

罗宾对劼然笑了笑说："我今晚先想想，明天会和项目组员讨论指标和指标值的设定方案。"罗宾心想，我还是做个好人让组员自己定吧。

第二天，罗宾召集了项目全体成员开会讨论指标设定的方案，他把A总的话重复了一遍重申强调了本次项目的重要性，他在白板上写上本项目的目标，让大家利用"无声头脑风暴（silent brainstorming）"写出自己工作与目标有关的KPI和提议的KPI值。

采购部林杰非常焦虑，他认为项目要6个月内完成很困难，他想调试到上线就要3~4个月，但现在都还没有找到供应商，如果万一供应商的表现有什么闪失将会影响我的全年绩效和年终奖，上半年在其他工作上的努力就白费了，他于是把采购完成率和质量合格率的标准调到98%，给自己留了一些余地，又把权重平均到3个主要的KPI上，原本权重应该比较高的采购完成率从60%调低到34%，这样就算供应商不能准时交付也不会太多影响到绩效考核。

IT技术部程辉是主要负责人，负责系统开发。他们的绩效主要从开发完成时效性、系统性能、稳定性是否满足需求和系统测试通过率等方面考量绩效，完成时效性也是程辉比较大的顾虑，因为整个项目从需求收集、开发、测试并沟通培训也就6个月，开发时间也就2个月的时间，时间非常紧张，也很容易因为某些技术难题而耽误，于是他把时效性这个占比从50%调到了30%，而系统性能稳定性这部分他也特意调高了比例，因为这部分根据以往经验他是很有把握的，而且这部分很可能也存在争议空间，这样不会影响自己和团队的绩效。测试一次通过率他也特意调低了通过率到80%，因为他心想这个项目肯定存在赶工的，一次通过率低一点也好留余地给开发人员返工。

表4-9 项目团队KPI

负责人	KPI	考核目的	KPI说明	权重
采购部（林杰）	采购计划完成率98%	确保项目计划按期完成	按时完成采购计划的比例	34%
	质量合格率98%	质量控制	不符合要求的返工量占总量的比例	33%
	服务价格合理性<10%	成本控制	同等质量和采购条件下，价格不高于市场平均价格	33%
IT技术部（程辉）	开发准时完成	确保项目计划按期完成	按照项目计划完成开发工作	30%
	系统性能满足需求并稳定性高	质量控制	客户对于平台功能、界面、使用简易程度的体验评分	50%
	用户系统测试一次通过率80%	质量和进度控制	客户对于平台功能、界面、使用等的测试一次成功率	20%

151

经验丰富的罗宾清楚他们的盘算，但考虑到这项目需要和年终绩效挂钩，也不想为难他们，只要这些指标值定得不是太难看就行。

【案例分析】

通常情况下，项目的绩效考核标准应以进度、成本和质量为核心。但不同的项目利益相关者对项目绩效考核的标准不同，对考核指标的要求也不同。

（1）指标的"量"，是质量还是数量

当设置指标的时候，经常遇到两种极端的做法：一种情况就是"做多错多的思维"，指标能少则少，意图是减少工作量或避免设置太多指标导致犯错或影响综合考核结果，这种情况一般很常见，如果没有指定绩效目标，那么项目成员会以能少则少的心态给自己设定；另一种情况就是"宁可设错，不可放过"的大包围式，生怕漏掉某些指标而导致项目失败或被领导责怪指标不够丰富。案例里的HR劼然就是这种类型，她希望罗宾能设置更健全的指标，至于设置的这些指标能不能全面实现，这并不是她最关心的地方，她关心的是万一A总问起来，能交代并以一定数量的指标来证明自己工作认真和超强的协调能力。

实际上，指标的设置并不是越多越好，指标越多，绩效管理的成本就越高。我们需要有重点地筛选出指标，**可用80/20的原则，意思是选出20%涵盖80%工作量的关键指标进行考核，少而精的原则**，有针对性地选择并非"能少则少"或"大包围式"的思想，实事求是。指标数量上不宜太多，因为过多的指标数据获取成本高，也不利于执行。因此，在制定项目绩效指标时可以参考以下几个原则：

- 目标一致性——指标与项目目标一致，所有考核都是围绕按时按质按量完成项目需要交付的产品或服务这个共同的目标。
- 简明易懂——指标容易理解和被人接受。
- 可量化——指标可衡量，有明确的考核标准和方法进行计量。

- 获取数据的便利性——指标相关的数据容易获取且有可靠和稳定的数据来源，例如系统能导出来的数据。
- 具导向性——指标能体现被考核人的工作成果和导向被考核人采取行动来改进绩效。
- 具可控性——指标是能找到责任人（被考核人）且责任人可控制的。
- 我们还有一个通用的目标设定原则可以遵循，"SMART"原则，即（Specific）具体、（Measurable）可度量、（achievable）可实现、（Relevant）相关性、（Time bound）时效性。

（2）指标值是个谜一样的存在

如何设置指标值也是非常考验人性的时刻，指标值设置太低怕被领导责怪，设置太高又怕达不到。案例中采购部的林杰和IT技术部的程辉就是两个典型的例子，一方面担心达不到指标而降低考核的数值和权重；另一方面尽可能把指标值设得对自己非常有利，希望能用对自己有利的数据证明能力争取加薪或升职的机会。

究竟该如何合理地设置指标值呢？

所有考核都是围绕按时按质按量完成项目需要交付的产品或服务这个共同的目标，即通过绩效考核，引导、监督和落实，实现这个项目目标。**因此，合理的指标值是能够促成项目整体目标的实现并且使项目有一个好的绩效表现的。虽然大家都是奔向同一目的地，但大家的位置不一样，观点所产生的差异性就会进一步形成矛盾或不满，不利于团队士气和项目的推进**。例如A总的观点就是尽快则快把平台搭建，恨不得明天就是交付时间，但采购部林杰就希望交付时间能延后一点方便他做事。与项目相关方达成共识，在完成项目目标的同时，尽可能让相关方满意，这是我们制定项目绩效指标值的一个方向，因此**相关方的期望管理和沟通是平衡的关键**。

（3）被遗忘的角落

谈到项目绩效，我们自然会想到时间、质量、成本这些硬指标，虽然重要但也不是全部。其实，项目绩效还有一些软指标：对组织项目管理制度的遵守执行情况，组织过程资产如项目经验等有无传承，团队管理如团队协作，团队成员是否技能得以提升等，这些软指标通常成为被遗忘的角落。这些指标需要根据组织的文化、管理制度要求、内部项目、外部咨询项目等情况进行设定和跟踪考核。

9 量化指标，让数据说话

指标量化也是我们设定绩效指标的一个原则，我们需要有质也有量的指标，因为数据是项目绩效最有力的客观证明。在项目的各个阶段，我们需要数据。商业论证的时候我们也会收集数据做收益评估，以及项目实施方案讨论和确定；项目启动的时候我们已经有了基准数据；项目收尾后，移交运营团队，同样需要数据与基准数据进行对比来确定是否已经满足项目需求和达到项目目标或收益。

以下案例涉及项目开始交付后，利用数据去评估项目某个阶段绩效，同时利用数据发掘新的机会。

【案例】

上半年的销售会议，所有销售的大区经理和分管销售的高管都列席，销售经理会上介绍，上半年传统咨询业务的增长情况不容乐观，同比增加了3%，增长回落5%；App上线3个月后，课程开卖也有2个月的时间，课程月均收入50W，预计下半年可以增加300w的业绩。2门课程是爆款，销售额占所有在线收入的50%以上，分别是公司项目管理入门和商业分析两门课程，均是高管F主讲的课程；其他7门课程贡献余下收入，部分课程只能贡献不足5%的收入，尚有改善空间。

销售会议一结束，高层C和F就找到了产品经理和罗宾，希望两人能共同合作，一方面继续开发符合市场需求的爆款课程；另一方面对于销售业绩较差的课程要分析原因，找到对策去改善。

罗宾马上从项目移交文档里调出移交方案，并展示给高层和产品经理。他说道："我们在立项的时候，项目需求之一是要保留客户的数据。在App的后台数据库里，产品经理可以通过找小雪来调出数据，做回顾分析；对于业绩好或不好的课程，可以做交叉比对来看看客户反馈的问题和销售的关联度。如果还有更多的需求，例如增加某些功能的，杨光他们也留了一位同事做对接，你们可以直接联系他。"

高层C听完后马上提出他的建议，除了销售的反馈信息，客服部门也提出了反馈，他希望产品经理和罗宾马上行动进行评估，并拿出方案给他，下一次的经营会议就可以有针对性地讨论改善的方案。如果可以形成新的项目，你们都可以尽早提出来。

高层提出要求后，产品经理马上约上罗宾、客服代表、销售代表进行研讨会或者说是头脑风暴。但是，会上大家的关注点却是一线的客服。客服代表首先说，目前接到最多的诉求是有没有更高阶的项目管理课程，而且很多打来的客户都是希望持续进阶学习，但公司目前没有开发。虽然公司是有这样的咨询师可以提供这样的课程，目前还只是提供给企业内训而不是在线网课；另外5门课程比较冷门，但是购买的客人都是第一次来听，而且口碑还不错，从后台看评论区和弹幕，这些课程可能本来就没什么人知道，所以导致购买量下降。

销售代表分析目前的客户群体画像，约7成客户是二次销售，即原来的企业客户中的用户再次购买课程；2成客户是老客户的口碑推广；约1成客户是公司推广而转化。目前销售不清楚要怎么在线下推广线上的课程，仅靠线下的广告和街边摊位很难获客。

讨论还在持续中……

【案例分析】

此场景涉及项目交付后的产品生命周期管理，对于项目经理而言，项目结束会议之后，整体项目的产出物就整体移交运营团队，项目组会就地解散。而运营团队会后续跟进产品的运维，保证产品落地后持续产生收益。

上述情景中，管理层在收到销售和客服的反馈后，联系产品经理和原项目负责人，提出了新的需求，要求利用反馈的信息和目前的后台数据，进行持续改善和优化。一般而言，**数据分析包括五个基本方面：可视化分析、数据挖掘算法、预测性分析能力、数据质量和数据管理、知识库库存。**

这里的需求可以按以上五个方面拆解为：

可视化分析：将销售业绩和客户反馈信息和目前的课程购买情况做成可视化的数据表，让数据说话。即将数据转化为图表向高管、销售和客服团队展示各方反馈信息的汇总。要做出实时回应，并让客户感觉受到重视，只能通过先进的分析技术实现。可视化分析带来了基于客户个性进行互动的机会。这是通过理解客户的态度，并考虑实时位置等因素，从而在多渠道的服务环境中带来个性化关注实现的。

数据发掘：将目前App平台上已经积累的数据，通过分析对用户画像进行更加精确地描述。即告知销售、客服团队，通过数据发掘，我们可以看到客户什么时候打开课程？浏览视频的时长，哪段视频最多观看量，这些数据点的分析都需要数据发掘，然后才有机会作为后续改善产品体验的依据。

预测性分析：根据可视化分析和数据发掘的结果，预测客户对课程的需求。8A公司面临着越来越大的竞争压力，获取客户的同时更积极主动了解客户的需求，以便提升客户体验，并发展长久的关系。客户通过分享线上课程的数据，降低数据使用的隐私级别，期望能够了解他们，形成相应的互动，并在所有的接触点（例如手机、电脑、线下培训）提供无缝体验。

数据质量和数据管理：8A公司目前平台上的数据只包含销售和客户反馈，

但是经过数据发掘和建模分析后，又会产生更多海量的数据资产。随着积累的数据量越来越多，模型预测的结果会更精细，数据质量更优，因此这些原始数据和衍生数据需要建立分级控制，即能分级管理接触数据和使用数据的人的权限，并分析结果和汇报对象等建立登录管理机制，严格控制接入端口。

知识库库存：对于转型到线上的8A公司，数据资产（课程/视频/知识产品/客户反馈）将会是企业未来最重要的资源，只有通过数据和分析，能够以最低的成本确保不间断的生产、销售和客户服务水平，从而改善知识库的管理水平。数据和分析能够提供目前和计划中的课程购买情况的信息，以及有关课程销售的组成和客户复购等信息，并能够帮助确定新的课程上线的安排，并做出相应决策。客户期待获得更好的跟进课程，并及时让8A公司获得反馈并持续改善。

在信息时代，数据就是王炸。上述案例的App项目，线上课程的业务绩效数据就是其某个阶段交付表现的有力证明。通过扎实的数据分析，我们为产品团队和项目团队发掘新的需求，为下一阶段的课程设计和优化指明了方向。

五 ▶ ▷ PMO在项目管理中的职能作用

在开始"挖金矿"之前，选择哪座"金山"、选用哪些人进行开采、开采环境及设备、开采质量标准等一系列"挖矿"流程和模板的制定，以及过程中的各类变更，全过程的流程监督和优化，这些都十分需要PMO的规划、领导和整合，从而使得整个"挖矿"团队毫无后顾之忧地去执行，并最终达成高精纯度的金子产出。

1　如何最大化发挥PMO绩效和价值

随着项目管理复杂度逐渐增加以及项目经理个人和组织的限制，越来越多的企业建立了专门支持项目管理工作的组织部门，这种组织部门在PMBOK中被称为项目管理办公室（Project Management Office，文中均简称PMO）。由于不同公司组织架构不同以及对PMO的认识程度不同，PMO的设置形式也多种多样，有的设置了公司级PMO，有的设置了部门级PMO，有的还为单一项目设置了PMO，不同类型的PMO的工作职责和内容也各不相同。PMO在实际执行工作的时候由于相关方认知的不一样会出现各种各样的情况，而导致PMO无法充分发挥其效能，如被认为是官僚的监管部门，或被认为是为项目打杂的边缘人士等。下面我们将通过不同的场景和案例来探讨如何创建PMO，以及如何最大化发挥PMO绩效和价值。

项目管理上承接企业愿景，落实企业战略。从长远来看，伴随公司的发展越快其需求越迫切；从广度来看，PMO的工作往往涉及组织的方方面面，PMO的建设非常重要，需要有规划性，循序渐进，稳扎稳打。

【案例】

　　8A公司最近接到一个某产业互联网公司（后统称M公司）管理变革类项目。该公司已成立8年多，公司成立初期的主要业务是做娱乐设备，是传统的职能部门的组织架构：产品部、结构部、硬件部等。生产模式是订单式生产，尽管各部门协作过程中有各种各样的问题，但由于市场对产品的时效性要求不高，公司基本能够正常经营。近些年随着互联网平台和共享经济的发展，公司业务由传统的设备生产转向互联网运营，因此公司增加了线上开发运营的部门：市场部、运营部、设计部、开发部等，同时公司的业务由传统的订单式生产设备转变为既要生产设备又要做线上运营。为了引流和增加客户黏性，运营部要求线上运营要快速迭代，同时要满足各种节假日等线上线下运营活动，这要求线上线下各个部门能够快速联动。传统的职能型组织结构的弊端逐渐暴露，如各部门之间信息传递慢、事情缺少总统筹、各部门提供的信息在整合时时常有偏差等问题，难以响应市场对产品升级及运营迭代的要求，因此M公司能够完成由当前职能型向矩阵型运作模式的转变，希望8A公司能够协助M公司完成此次管理模式的变革，并完成M公司PMO的建设。8A公司的资深PMO米亚有着丰富的PMO筹建及运营的经验，被指派为M公司的管理变革及PMO的筹建工作的总负责人。

　　那么如何从0开始筹建PMO呢？需要结合企业情况逐步推进，不可急于求成。

　　尽管米亚有丰富的PMO的筹建经验，但她并没有直接将PMO的工作模式直接导入M公司。米亚首先了解了M公司的战略规划和经营目标，各部门的业务流程、各部门之间工作的衔接关系，确定了当前最迫切需要实现的工作目标以及实现的困难。通过充分的调研后，米亚了解到目前最迫切的是完成K设备的版本升级，该升级涉及产品部、结构部、硬件部、开发部等。其中，产品部和开发涉及软件部分的升级，结构部和硬件部涉及硬件部分的升级，最后再将软件和硬件部分联调。目前经常遇到的问题：一是各部分信息交流不充分，往往是各部门确定了各自的最佳方案，但是在集成联调的时候经常出现不匹配的问题导致方案推倒重来，如产品确定的方案开发部认为实现起来难度较大，结构部设计出来的方案硬件匹配不上等；二是各部分的进度不一致，导致集成联调的时间经常拖延。基于此，米亚将此次版本升级的任务明确了按项目的方式推进，自己担任此项目的项目经理，并指定了产品、开发、结构、硬件等的模块负责人为项目成员。米亚首先与各模块负责人共同确定了项目目标、制订了项目计划、沟通计划、问题及风险管理机制等。在按项目计划逐步推进项目工作的过程中，米亚还经常组织项目团建活动，这种以项目组的团建打破了之前的部门墙，有效缓解了不同部门同事的对立，对有效促进项目内部沟通起到了很好的催化作用。在米亚有效的项目管理下，各部门之前遇到的各种信息不对称、方案不匹配、扯皮推诿等得到有效缓解，整体工作效果得到有效的提高和改善。项目结项后，米亚还为项目组成员申请了一笔项目奖金。这种按项目推进工作任务的方式得到了很多相关同事的认可，这为后面全面推广项目管理营造了氛围。

通过以上案例发现，首先负责PMO建设的负责人需要得到高层的充分授权，同时需要具备较强的项目管理经验，通过导入项目的管理模式实实在在地解决团队遇到的问题。在PMO建设的初期，最重要的是让大家不要排斥和反感，要通过实践让大家对PMO建立好感。

很快，项目管理的方式成为大家讨论的热点话题，再遇到跨部门协作的工作，都希望有人能够整体统筹推进。当项目的需求越来越多时，米亚在公司内部选拔了三位沟通能力强、亲和能力强、思维逻辑清晰且有意愿参与PMO工作的同事共同管理多个项目。

这个阶段，米亚与三位同事以项目助理的方式参与每个项目，主动发现并记录各项目遇到的问题，并从专业的角度提供解决思路和改进建议，并将不同项目中发现的通用问题做好归类，对于有些项目中的良好做法做好积累，定期组织经验教训的分享和总结。比如有的项目没有做好项目问题管理，或缺少明确的问题责任人，或没有明确问题解决的时间要求，导致一些重要问题没有得到及时解决；有的项目没有做好变更管理，方案或设计变更没有被充分评估和告知，导致出现其他次生问题；有的项目没有做好干系人管理，导致项目验收时无法通过等。米亚通过多个项目的问题收集和分析，在解决单一项目问题的同时，统一了《项目问题登记表》，明确了项目变更管理流程，项目沟通机制等并在不同项目中推广。

项目经理通过使用这些管理表格和工具，体会到项目管理的方法论真正能够帮助项目，逐渐对米亚等人有了信任和依赖，遇到项目中的问题会主动与他们沟通，寻求科学的解决方法，这也对形成适合M公司的项目管理体系提供了丰富的案例，逐渐丰富了M公司的项目资源库。

这个阶段，米亚通过M公司大量的项目管理问题，总结形成了适合M公司的各种管理表单和工具，并在项目中得到有效的推广，并获得了更多项目的认可。虽然在这个阶段并没有正式成立PMO，但在具体工作中米亚通过言传身教的方式培养了三位潜在的PMO成员。

随着大家逐步认识到项目管理的知识、工具和方法能够帮助项目负责人更加轻松有序地解决项目管理中遇到的问题，米亚组织各业务部门负责人及各业务部门骨干一起梳理了公司主要的业务流程，如新产品开发流程、软件升级流程、硬件开发流程等。这个过程不仅涉及各部门工作协同，在工作边界的界定上还涉及各业务部门的权责分配，因此需要各业务部门的共同参与，并对相应业务流程达成共识。

在完成业务流程梳理后，米亚着手建立项目管理体系，制定了M公司的《项目管理规范》，该文件明确了项目的分类、项目等级的划分标准、项目优先级的评定标准、项目管理的相关角色及职责，以及相应的项目管理流程：立项管理、团队管理、进度管理、风险管理、问题管理、预算管理、文档管理、变更管理、沟通管理、验收与结项管理等流程，这样大部分的项目日常管理工作都可以通过该体系文件得到有效指引。值得一提的是，在《项目管理规范》中明确定义了PMO的工作职责，在本次全公司范围内宣贯后，M公司正式成立了PMO，隶属总经办，直接向总经理汇报。

在前两个阶段做好充分的铺垫后，米亚协同各业务部门梳理了重要业务流程，基于项目管理理论制定了适合M公司的《项目管理规范》，并成立了PMO。

但流程和规范的落地绝不仅仅是写个文档就完事儿了，还需要传播，让大家充分理解并践行。在推广落地实操上，米亚与M公司人力资源部和培训部策划了几场培训答疑会，确保《项目管理规范》能够被大家充分理解和接受。请总经理在每场培训前充分分析了此次管理转型的战略意义和公司的决心，总经理的站台是非常重要的，保证了整个工作顺利推进。

此外，米亚还组织产品和开发部门设计开发了项目管理系统，通过IT系统充分承接项目管理规范，使项目管理的各个方面，如项目立项、项目进度、项目变更、项目人力资源管理、项目及项目成员绩效等可以通过该项目管理系统得到有效监控，构建了清晰的项目仪表盘，使项目管理实现了数字化管理。

通过全面培训和配套的管理措施让公司成员对企业此次项目管理变革的意义和举措有了充分的理解和认识，对全方位推广项目管理制度做了充分的保障。通过以上案例我们可以看出，PMO组织是不可能独立存在的，需要其他各职能部门的支持。

【案例分析】

虽然现在PMO的运作理念、管理方法和管理工具都相对成熟，但是PMO的建设不能硬推，每个企业的业务状况不同、组织架构不同、遇到的痛点不同，因此PMO建设需要结合企业现状。通过M公司由职能型组织向矩阵型组织转型的历程，可以看出一种相对有效的创建PMO的过程需要高层充分认可和授权要能够自上而下决策，在操作层面也需要自下而上渗透，通过实践和反馈取得上下一致的结果，这样流程体系才能真实地发挥自身的作用，实现组织增效。PMO的发展路径大致分为以下四个阶段：

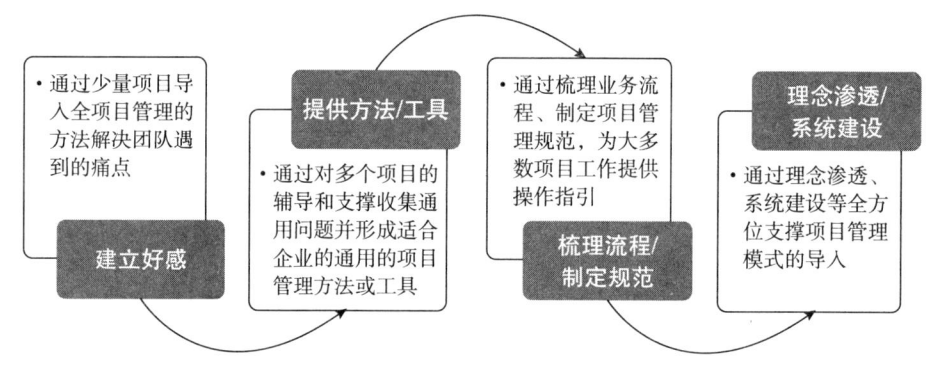

- 通过少量项目导入全项目管理的方法解决团队遇到的痛点 → 建立好感
- 提供方法/工具 · 通过对多个项目的辅导和支撑收集通用问题并形成适合企业的通用的项目管理方法或工具
- 通过梳理业务流程、制定项目管理规范，为大多数项目工作提供操作指引 → 梳理流程/制定规范
- 理念渗透/系统建设 · 通过理念渗透、系统建设等全方位支撑项目管理模式的导入

图5-1　PMO建立的四个阶段

组织做好一个项目并不难，难的是把所有项目都做好，而这恰恰是每一个卓越的组织持续追求的目标，也是组织成功实现战略目标的必要保障。组织的项目管理的成功与否，除了与项目经理，以及项目团队本身管理能力和努力相关，还取决于组织的管理体系、保障机制等管理要素是否以项目为导向来设计和配置。在很多组织中，项目管理的工作是分散的，缺少宏观的统一的管理。各个项目团队更注重实现各自项目的目标，有时候还会互相抢夺稀缺资源，从而影响组织的整体战略目标。在一些组织中，甚至个别重点项目占用了组织几乎所有稀缺资源以确保其绩效，而阻碍了其他大批项目的开展，最后该重点项目成功了，组织的整体战略目标却没有达到。近几年，越来越多的企业纷纷开始成立项目管理办公室（PMO），尝试建立组织级项目管理体系。这标志着企业对项目管理的关注点，已经逐步由单纯关注项目层面的工具方法提升到关注企业层面的系统化项目管理机制的建立与完善。

2　PMO的工作职责该如何界定

PMO是对与项目相关的治理过程进行标准化、并促进资源、方法论、工具和技术共享的一个组织部门，PMO的职责范围可大可小，从提供项目管理支持服务，到直接管理一个或多个项目。那么，PMO的工作职责该如何界定，才能充分发挥其实际价值呢？

【案例】

通过M公司PMO逐步建立和发展的过程可以看出，PMO在不同阶段的定位和职责是不同的。在PMO建立的初期，米亚是直接管理具体的项目，通过直接管理项目能够深入了解项目痛点和组织风格。在第二阶段，总结提炼了适合M公司的通用的管理方法和工具，通过对多项目的经验教训的积累形成了项目的资源库，可以供其他新项目参考。在第三阶段，制定和发布了项目管理规范，那么所有项目的执行都要遵守此管理要求。实际上，当M公司在整个体系搭建完成后，PMO承担了更多的职能，PMO参与了公司战略目标的制定和战略任务的分解，并负责公司全部项目的筛选、审核项目立项、评定项目级别和优先级等。由此可以看出，PMO在这几个阶段的工作内容是交叉的，并不停留在某个单一的阶段。其具体发展衍生历程如下：

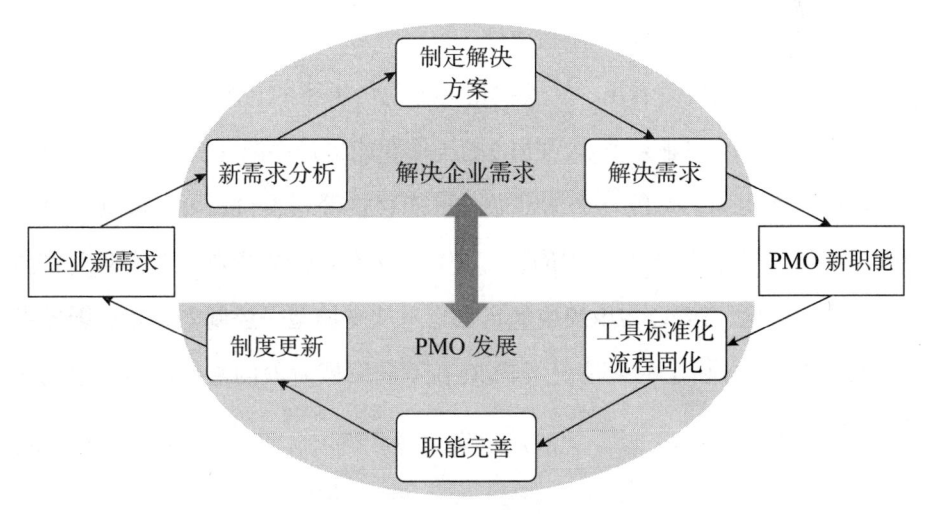

图5-2 PMO职能发展历程

M公司在《项目管理规范》中明确了PMO的定位和职责：PMO隶属总经

办，主要职责为完善和优化公司项目管理体系，确保项目目标和结果符合公司发展战略，推动各部门、各组织工作流程化和标准化，为各部门开展项目工作提供指导和帮助，监督各项目实施情况，提高组织项目管理成熟度。

米亚在与其他公司PMO同行交流中也发现，在不同行业、不同公司PMO的工作内容也是有很大差异的。

【案例分析】

通常根据PMO对项目的控制和影响程度的不同，将PMO大致分成3种类型：支持型、控制型、指令型。

支持型PMO担当顾问的角色，向项目提供模板、最佳实践、培训，以及来自其他项目的信息和经验教训等，这种类型的PMO其实就是一个项目资源库。或者是项目经理助理的角色，如协助项目经理做一些项目协调的工作，文档记录整理的工作等。

控制型PMO不仅仅给项目提供支持，而且要求项目按照特定的项目管理框架执行，如使用特定的模板或工具。

指令型PMO直接管理和控制项目。

通过以上案例可以看出，在实操层面这几个类型的PMO并不是绝对割裂的，随着公司发展和业务需求，PMO的工作职能也是逐渐完善的，在PMO初期其定位并不明确，可能什么活都做，可能直接管理项目、可能辅助项目经理管理项目。当它成熟到一定阶段，工作定位才会逐渐清晰，工作职责也会产生分化。可见，**PMO在组织中的定位也是从支持型→控制型→指令型逐步提高的**，表5-1分析了一般情况下PMO在不同发展阶段的工作内容，以及在组织中的定位。

表 5-1　PMO 的职能和定位

分析项	支持型	控制型	指令型
发展阶段	建立之初	矩阵型组织结构	PMO 高级阶段
定位	后勤保障	管理层	战略优化层
工作内容	记录项目的经验教训，并根据需要提供最佳实践、模板、培训、指导、数据和文档的访问，更像是个知识库或者协助项目经理负责一些日常项目的协调工作，文档记录整理工作等，作为项目经理的助理支持型 PMO 对项目的控制程度较低	它要求团队采用某些项目管理框架、形式、流程和策略，为确保合规性，可能需要定期审计或审查，以及任命项目经理、协调项目资源、项目状态统计分析等控制型 PMO 对项目进行适当的控制	管理项目执行、分配资源、分解项目需求，并与项目经理、高级领导者和其他重要利害关系人合作，使项目按计划进行指令型对项目进行完全控制承担着承接战略目标、企业项目筛选等任务，承上启下的作用。常规工作内容有：直接管理和控制项目，主要承担企业日常项目交付，确保项目正确

而在不同类型的组织中，不同类型的 PMO 可能会同时存在的。在大型组织中，因为组织项目业务单元、管理跨度及实际项目管理的需求，组织内的 PMO 可能也是多层次的、三种类型的 PMO 同时存在的，如图 5-3 所示。

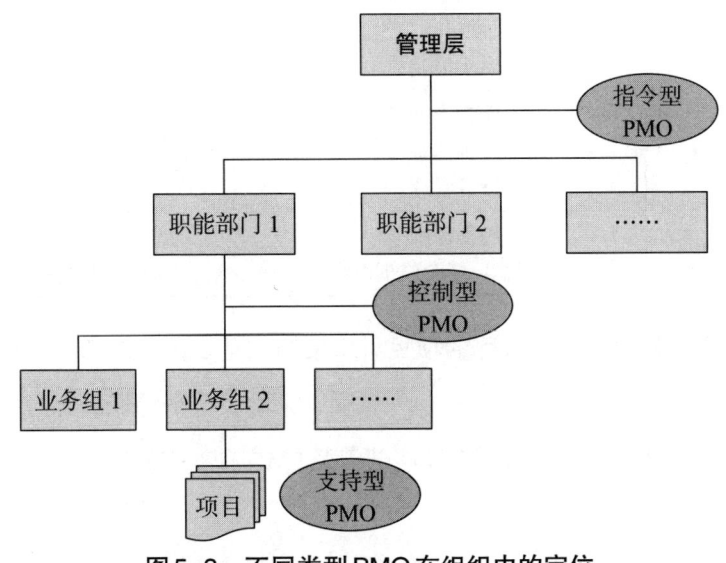

图 5-3　不同类型 PMO 在组织中的定位

在大型组织中,几种类型并存的PMO实现了从战略拆解到经营策略到产研交付的全链路的项目管理过程,这种PMO我们姑且称为**"组织级PMO"**,组织级PMO承担了体系建设、管理控制、决策支持、人才赋能、知识管理等诸多职能,从而成了组织的信息集散中心,为组织管理者提供了重要的决策依据,该类型PMO的工作内容和目标可以概括如下:

表5-2 PMO的工作内容和目标

工作分类	工作内容	工作目标
体系建设	体系建设、优化、执行 流程固化 工具定制化 制度发布 系统培训	构建高效的项目管理体系 将体系固化成流程标准 工具定制化与推广
管理控制	战略推进 过程监控(需求管理、成本管理、质量管理、风险管理、进度管理等) 项目集/项目组合管理	推进管理体系落地 推动战略目标实现
决策支持	项目绩效数据统计与分析(需求数据、质量数据、成本数据、进度数据等) 提供决策建议	对项目信息收集分析 对公司资源进行总体分配 为管理层提供决策依据
人才赋能	能力模型 评价体系 绩效管理	培育选用项目经理,激励项目成员,提升PMO项目集管理能力
知识管理中心	过程资产 项目复盘、经验教训总结	管理组织过程资产 总结项目最佳实践

我们调研过很多比较成熟的项目组织架构,是采用职能部和项目部门相结合的形式,PMO是和研发、产品、工程、采购、生产等职能部门并列的一个独立部门,公司管理层对所有职能部门及PMO有直接的管理权,其组织架构图如图5-4所示。

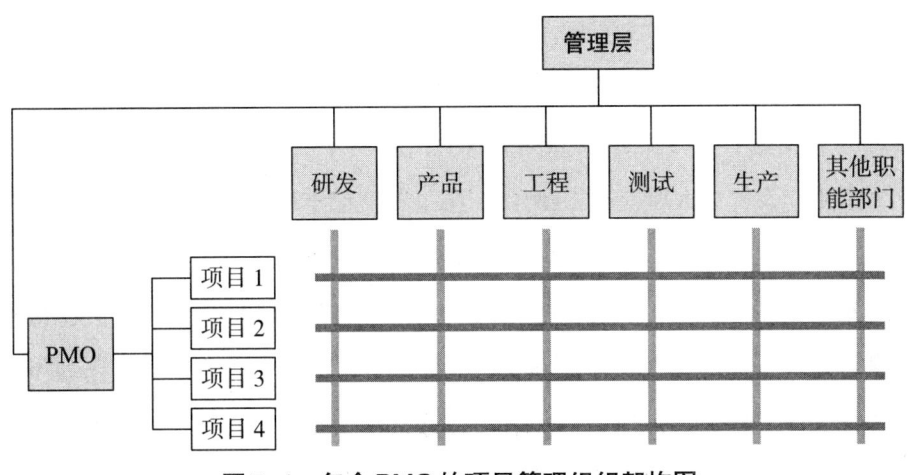

图 5-4　包含 PMO 的项目管理组织架构图

企业在高层设立职能部门，可以有效地对组织进行控制，同时设立项目部门，可以将一些权力和管理事务下放到基层，从而简化高层的管理，提高管理效率。这么设置的好处是，PMO 能够根据公司的战略目标筛选项目并设立优先级，然后协助各个项目部门执行项目，从而提高效率。在这里，PMO 既是为项目经理提供指导的机构，也是职能经理的业务指导部门，它可以通过内部的专家科学地缓解项目经理与职能经理间的冲突，它也可以跟踪分析各种问题，为决策者进行最终决定提供依据。这类型 PMO 一般由组织高层、项目经理、各类专家、项目协调人员等组成，其工作职责及价值可概况总结为以下几点：

- 进行项目组合管理。
- 提高组织级项目管理能力。
- 建立组织内项目管理的支撑环境。
- 培养项目管理人才。
- 提供项目管理指导和咨询。
- 组织内的多项目管理和监控。

该结构与矩阵式结构的最大区别是，公司有一个固定的机构即 PMO 来辅助协调项目的实施。**本文所探讨的PMO大多以此类型组织架构为基础。**

需要说明的是，在某些组织中，虽然没有PMO组织，但由某些其他部门或领导承担着PMO的职责，或者在某些组织中，某些机构虽然有不同的名称，但都在发挥PMO的作用。例如在某工程建设单位，在其项目组织架构中有"项目总控咨询部"，项目总控咨询部对项目的实施无指令权，只负责信息的采集、计划和控制，项目总控咨询部有向职能部门获取信息的权力，得到信息进行分析、加工、处理后，制成各种报告供决策者决策，也可作为项目管理方工作的指导，对项目管理给予有力支持。由项目总控咨询部提出信息的收集和处理方案，经确认后现场各方执行。因此，项目总控咨询部有大型建设PMO的职能为整个项目提供咨询服务和支持指导，从其功能上分析其实是PMO。

3　PM和PMO怎样合作

提起PMO，大家想到最多的可能是：这是一个叫项目管理办公室的组织，下面"管理"一群项目经理。然而实际上PM和PMO的关系非常微妙。笔者沟通了不同企业PMO在企业中的定位及其工作环境发现，不同类型的PMO在企业中的地位或多或少有些尴尬，有些支持型PMO因为从事较多类似组织会议、发布纪要、汇报材料、跟踪问题等日常经营性活动很容易被当成"文员""秘书""助理"等，存在感和价值感都很低；而PMO除了对项目负责，更重要的是对组织负责，此时PMO是项目里的"情报员"，掌握一手消息，在项目出现偏差和重大风险而PM却不以为意时，可以直接向PMO领导或者公司管理层汇报，通报风险并寻求解决方案，这种情况又往往被PM当成是间谍，甚至有些"敌意"，有些问题刻意不让PMO知道，形成内耗。有时候，项目经理在项目里往往以结果为导向，不太关注项目运行的流程和职责，但是规矩就是规矩，PMO定义、开发、维护公司各级项目管理流程、标准、方法和工具，而各项目中PMO必须保证其有效得到实施，适时纠正项目经理的不合规操作，这种情况PMO对项目经理似乎是种束缚，往往也很容易抵制PMO。那么，健康的PM和PMO应该是怎样的呢？

【案例】

在一次PMO内部茶话会上，孙总首先肯定和表扬了PMO团队的工作表现，项目管理体系化建设比较完善、各项目管控也相对到位、各项目的度量指标数据也很及时，为管理层决策提供了很有价值的参考，PMO团队深受公司管理层的赏识。接着，孙总让大家敞开聊聊各自的工作心得体会，在团队内部做个经验分享，原本孙总以为大家会聊得"神采飞扬"，实际上"猝不及防"。米亚首先就讲了一个跟某项目经理"干仗"的经历。

米亚说："大家知道我负责的是研究院的项目，我的项目经理都是博士、海归，做好'服务'真心不容易。大家在某次PAC（Product Approval Committee产品决策委员会）会议前，我们不是要审核各项目提交的资料吗？然后发现某博士的项目资料没有按我们要求的框架提交资料，只汇报了项目当前成果，没有分析与目标的Gap，'显得'成绩斐然，实际上我知道这个项目是距离目标还有不小Gap的，就让他把这部分补充上去。一开始该博士根本不听，到后面我发脾气了，也放了狠话——'如果你不按要求提交资料，这次就不用上会了'，果然看我凶巴巴的样子，该博士也没脾气了，乖乖按要求补充资料了。但那次会议上，PAC成员并没有因为Gap否定这个项目的成绩，因为领导们也知道这个项目很难，反而在会议上专门花时间对遇到的问题进行了讨论，也给这个项目提供很多好的建议，会议结束后该项目经理还感谢我。我们这么设计框架肯定是有原因的，发现问题并不可怕，真实反映问题既可以帮助领导了解真实情况，也有利于项目获取支持和帮助。"然后米亚接着说："孙总，你现在知道我们有现在这样的成绩有多不容易了吧，弱女子都成女汉子了。"

大家听完，哄堂大笑，也纷纷附和，我们都知道你的项目经理其实都很"怕"你。丽莎接着说："我很羡慕你，你还敢跟项目经理发脾气，我负责的是产品部的项目，我的项目经理可没那么好说话。有一次，我想学你也'发发威'，结果我还没发脾气，就被人家'将了一军'，说'你们PMO都这种态度吗？你们孙总都这么教的吗？'，我顿时就怂了，不管是发现问题还是提供指导都是好话哄着。我这弱女子更'弱'了。"

孙总听完也开怀大笑，说："你们都只说你们不容易，你们知道我的压力吗？米亚，就拿你来说吧，你知道就你这暴脾气有多少项目经理来找我吗？都被我挡回去了。我们要服务的人很多，我们团队的人也很多，我一直都说不限制大家的做事风格和方式，只要大家清晰我们的定位，坚定我们的立场，保持公平客观，对公司负责，你们就大胆去做，有任何问题我承担。同时，大家也要相信，只要我们坚持做对组织有利的事情，相信大家会看到我们的价值的。"听完孙总的话，大家响起了雷鸣般的掌声。

【案例分析】

无论是PM还是PMO，在项目里的目标是一致的，就是在约定时间内，满足质量要求下，完成项目交付，达成预期，并使相关方满意。但PMO又不是单纯的PM，PMO不只是为了完成项目交付而存在的，如果只是这个目的，项目经理就够了，PMO的存在，是为了让负责交付项目的项目经理更加优秀。让项目经理知道什么是好的标准，要怎么做？大多数PM主要为项目成功交付负责，用户满意了，项目就算是成功了；而PMO不会用单一视角去看问题，会从组织的角度出发，将高级管理层的决策付诸实践。项目经理工作内容相较于具备支持、控制和指令型功能的PMO会简单一些，PMO的工作可能会包含协调项目资源，梳理项目组织架构，整合项目计划，全生命周期监控管理整个项目；PMO可能不是亲自带项目，而是指导项目经理的方法论，在项目流程的每个环节引导项目经理，正确干活的方法。项目经理主要关注特定的项目目标，而PMO管理主要的项目集范围变更，管理重要的大型项目范围的变化，更好地达到经营目标。PM管理单个项目的制约因素（包含范围、进展、质量、成本等），而PMO则要跳出单一视角，从组织角度出发，会站在更高层的角度，对方法论、标准、风险、机遇等进行管理。

基于以上这些PM和PMO的差别，我们不难发现PMO更像组织的信息集散中心，决定了PMO往往比项目经理掌握的信息更全面，也因此能够发现项目经理发现不了的问题，从而帮项目经理发现问题、并能够协调资源提出建议的解决方案。不管是哪种类型的PMO，都通过其不同的工作职责创造了不同的价值，通过提升组织的项目管理成熟度，从而帮助到项目和项目经理，表5-3分析总结了PMO的工作及其创造的价值。

表5-3　PMO价值点分析

工作内容	价值点分析
规范、优化内部流程	PMO通过构建项目管理模板流程、构建项目知识经验库、项目流程优化等为项目经理的项目管理工作提供支持，进而提升项目管理工作的效率；通过优化跨部门协作流程，提高项目过程中的沟通效率；通过优化项目决策流程，提高项目决策效率等
提升项目相关方满意度	PMO通过保障项目过程透明可控，如通过项目进展报告或项目信息化系统实现项目进度、成本、质量、风险、问题等信息的及时高效传递，促进项目交付效率提升从而提升公司领导的满意度 通过提升项目问题的解决效率、明确项目人才的职业发展通道、建立项目管理规则让项目成员能够及时得到支持等，从而提升项目成员的满意度 通过提升项目交付的效率和项目过程中的响应速度，保证项目沟通顺畅等从而提升客户的满意度
进行项目管理人才培养	PMO通过项目管理培训等为项目管理人才赋能，从而加快项目管理人才的成长，提高项目执行效率 通过项目管理体系、项目管理知识经验库为项目开展提供有效的支持，降低对项目管理人才的需求

项目经理很像古代的将军，在公司有项目的时候，被授予兵符（立项、

授权），领兵（组建项目团队）打仗（交付项目），而项目交付后，兵符又被收回；而PMO像根据地，PMO作为平台进行系统能力建设并对PM赋能，PMO更像PM的军师，提供各种各样的支持，及时发现问题预警风险，确保将军能打胜仗。PM和PMO其实是一家人，共同为项目交付而努力，在项目运营中两者相辅相成，相互促进和补位、相互成就。PM与PMO需要同心同行，知行合一，才能携手共赢。

4 项目资源冲突或不足怎么解决

项目资源不足，这似乎是项目管理亘古不变的话题。在大型项目或者多项目管理过程中，资源冲突往往无法避免，因为需求往往无止境，但资源永远有限。笔者沟通了各行各业的项目经理，发现这是大家共同的问题。不同的是，有些项目经理处理起这种问题游刃有余，有些项目经理苦不堪言。但是公司资源的配置需要从公司战略目标的实现，而不是因为项目经理个人争取资源能力的差异而对项目资源做过度倾斜。本节我们就浅谈一下项目资源冲突或不足的问题到底该如何解决。

【案例】

在PMO例会上，大家汇报完工作后，孙总看到米亚有些欲言又止的样子，就关切地问米亚是不是还有其他问题。米亚最近确实遇到一些棘手的问题，原本想自己协调，等处理好再总结汇报的，孙总这么一问就索性跟大家说开了。事情是这样的，米亚负责的重点项目A项目已经完成90%以上工作，但由于客户的一些原因该项目迟迟未验收，但该项目的重要产品经理老王被研发部经理调配到B项目了，导致A项目无法继续完成原有任务。A项目经理与研发部经理沟通几次都没有争取到老王，而A项目的客户目前已经腾出精力来进行项目验收了，并提出了2周后安排验收。米亚负责的另外一个C项目也遇到了类似的情况，原本C项目在做项目计划之初就已经跟各职能部门经理把各部分资源沟通到位了，原计划在6月的第三周进行系统联调，需要几个相关部门配合进行。但到现在6月中，离测试工作开始还有一周的时候，C项目经理找到测试部门经理落实人员，但他告诉C项目经理，公司另一个重要项目D项目出了问题，短期内他没有人手投入C项目上进行测试。A项目经理和C项目经理都找到米亚说明了问题，并请米亚尽快协助处理。

孙总了解完问题，问米亚："针对这两个问题是否有解决方案了，是否需要我出面协调？"米亚说："基本有方案了，我会先去了解一下A项目和B项目、C项目和D项目的重要优先级，然后再看是否需要与研发部经理和测试部经理重新梳理一下部门资源，看是否还能协调到其他资源，若实在协调不了资源，可能需要变更项目计划。"孙总听完点点头说："就按这个思路去落实吧，实在解决不了可以来找我。"

米亚查阅项目资料后发现，B项目是公司刚启动的项目，且B项目属于一般项目，老王是资深研发工程师，于是米亚带着这些情况跟A项目经理、B项目经理、研发部经理进行了充分的沟通，最终决定由另一位研发工程师跟进B项目，老王继续把A项目工作完成。D项目是某重要客户的项目，该项目已经投产，目前发生的问题属于生产事故，C项目是公司内部研发项目。鉴于此，米亚让C项目经理提出了项目计划变更申请，该申请通过了项目变更管理委员会的批准。

【案例分析】

项目资源冲突在所有组织中都是非常常见的现象。管理一个项目和经营一个公司要管的要素是一样的，即要管理好人、财、事，所以经常说项目就是企业的二次经营。作为项目的CEO，项目经理当然要充分发挥个人的积极性和主动性，运用一切合理的项目管理硬功夫和软技能来保障项目的资源供给。不同项目经理的能力不同，在资源使用上项目经理和项目经理之间有时候存在一定的竞争关系，企业资源是有限的，有些项目经理抢夺资源的能力比较强，能够把稀缺的资源争取到自己的项目团队，难免会出现资源等级与项目等级不匹配的情况，结果很可能是"会哭的孩子有奶吃"。

然而，这种结果对该项目成功可能是有帮助的，但是会影响其他项目的成功。而且这种资源配置的结果未必是符合公司战略目标的，甚至可能会伤害企业的整体目标，因为拿到资源的项目未必是公司真正需要优先完成的项目，还有可能是项目的成功过分依赖项目经理的个人能力，从组织的角度，项目的成功往往是不可复制的。从长远考虑，公司应该完善多个项目之间资源冲突的协调处理机制，建立项目管理体系，设立项目管理办公室，统一管理单位所有项目，要将企业的资源和项目做统一盘点和调配，制定资源在不同项目之间的分配原则；定期检查各项目执行情况，根据项目进展情况和企业整体绩效重新排定项目的优先顺序，从资源上优先支持重要的和进展良好的项目。

5 构建项目知识库

无论是资深或小白项目经理，总有挨刀或掉坑的经历，能善用好这些经历也许能"救人一命"。在项目实施过程中，会遇到各种各样的问题，而有些问题似乎又在重复发生着，如过分依赖某个核心人员，导致项目管理很被动或者核心人员离职导致项目无法继续实施；同样的项目，同样的问题，再次出现后，看似经验丰富，在实施中却无从入手。而有效的积累个案经验教训并且灵活应用于工作中，将会大大提升项目经理以及PMO的实力。如何让项目的经验教训可以被有效记录并广泛流传呢？**项目知识的管理可借助知识库的构建来实现，将项目所有知识汇总（包括整个项目生命周期中积累的知**

识），通过归类、流程设计、系统开发进行知识管理，鼓励所有员工交流、分享和学习并将知识库作为企业组织过程资产的一部分。

【案例】

疫情慢慢消退，全球经济在衰退中慢慢复苏，8A咨询公司也开始慢慢地走出阴霾，早期有些客户资金链紧张不得不被叫停的项目现在终于可以重获新生。其中，ABC客户服务呼叫中心（称为ABC公司）就是其中之一，ABC公司早前因资金短缺搁置了对客服人员培训的项目，8A公司同意ABC公司如果在2年内继续进行项目将不加收任何费用，超过时限会按合同约定比例收取违约金。可是8A公司现在遇到了困难，因为疫情期间，原本服务ABC公司的项目组成员有些已被辞退了，有些已被安置到其他项目中，原本是ABC公司项目经理的罗宾已在另一个非常重要的电商项目中担任项目经理，因此高管A总给PMO米亚发了个邮件希望能协调罗宾来做ABC公司的项目经理，米亚收到邮件后马上给高管A总打了电话了解此事。

米亚："A总好，我收到您的邮件，首先能理解您希望协调罗宾来跟进ABC公司项目的心情，但是目前罗宾在电商项目上，电商项目的成败关系到我们公司未来5年的发展，而且电商项目目前进展也不顺利，比原计划慢了1个月，这个节点调走项目经理也不合适。我考虑协调丽丽来负责ABC公司的项目怎么样？丽丽也有过类似的项目经验，而且表现也不错，公司也有意提拔她，要不这次让丽丽来试一试，我们也可以看看她能否胜任项目经理这职位？而且公司有些停摆的项目也准备恢复，我们也可借此机会给一些有潜力的员工锻炼一下，您觉得呢？"

高管A总陷入了思考中，一边听一边点点头，停顿了几十秒后，他说："嗯，看来这也算不是办法的办法了，那就让丽丽试试吧，你一定要跟丽丽交代好这个项目的重要性，毕竟ABC公司是我们长期的客户，万一有什么差池，她可以辞职不干，但我们要面对失去业务的风险。另外，你们PMO也要重点辅助丽丽完成好这个项目。"

米亚说："好的，我现在和她沟通一下……"挂了电话后，米亚给丽丽打了电话。

米亚跟丽丽说想给她担任ABC公司项目经理的机会，丽丽有些迟疑，毕竟这个项目已经停滞了一段时间了，项目背景、项目目标、项目资源等都要重新筹备，但是丽丽也知道这对自己来说是个机会。丽丽犹豫了一会儿说："米亚，很感谢公司能够给我这个机会，我也希望能好好表现交出优秀的答卷，但是希望PMO能多给予一些支持。"

米亚说："那是自然，你有什么需要就尽管说，前期我会协助你做好项目的梳理和重新启动的工作。"

丽丽说："谢谢米亚的支持，我想先拿这个项目前期的项目资料看一下，然后再制订接下来的行动计划，您看能否明后天把项目资料发我一下。"

米亚想着也合理，就答应了。然后米亚给罗宾发了邮件说明了情况，希望罗宾能抽时间尽快把ABC公司培训项目的相关资料发给丽丽，抄送PMO。

罗宾收到邮件可犯难了，因为罗宾前段时间电脑坏了，很多资料丢失了，ABC公司这个项目的资料更是一点都没有找回来，罗宾连忙找之前的组员问，他们答复罗宾说时间过了一年，有些邮件找回来需要点时间，而且他们现在负责的项目也很忙，也不知道什么时候能找出来给罗宾。

于是，罗宾赶紧给米亚回邮件说明了情况，希望米亚能帮忙协调，让丽丽直接跟ABC公司的人员对接，尽快重新熟悉项目情况，不要因为找历史资料影响该项目进展。米亚了解情况后也没有办法，只能让丽丽从头开始了。

米亚想：公司早期想过开发知识库系统，但因为费用高而且后期需要有人维护，不巧又碰上疫情，现在人手短缺，短期内应该都不会考虑了。不过我也需要给A总提醒一下，毕竟我们8A是咨询公司，知识是我们核心竞争力，如果每个项目的资料都能录进知识库系统，就不会出现文件丢失了，而且系统上的搜索功能也能帮助我们快速获取相应的资料。

五　PMO在项目管理中的职能作用

【案例分析】

看到以上案例，相信大家都有类似的经验教训，大家都明白项目中有很多重要的文件是需要记录和保存的，大家也都认为"这个工作很重要""这个应该写"，但是一忙起来就"忘了做"，或者因为这样或那样的原因造成资料丢失。我们也都明白将项目重要的数据进行文件化能够降低项目风险，因此在组织中应该重视这部分工作，而PMO作为跨职能的组织，经常穿梭于各个项目和组织部门，能够将各个项目的资源进行积累并传播分享，PMO有责任承担推定并检查项目资料的完整性，从而让项目整体的复盘活动更加顺畅。著名历史学家、作家托马斯·克莱尔说："人是使用工具的动物，离开了工具，他将一事无成，拥有了工具，他就掌握一切。"在项目管理这个组织活动中，有个很重要的"工具"可以提升项目管理的效率，这个工具便是"组织过程资产"。组织过程资产是组织所特有并使用的计划、过程、政策、程序和知识库，是项目管理强大工具，更像是个超级百宝箱。

（1）百宝箱里面的宝藏

组织过程资产是执行组织所特有并使用的**计划、流程、政策、程序和知识库**，包括来自任何（或所有）项目参与组织的，可用于执行或治理项目的任何产物、实践或知识。这些过程资产包括执行组织所特有并使用的正式和非正式的计划、流程、政策、程序和知识库，就是百宝箱中的宝藏。简单可以分成两类：流程与程序类、共享知识库类，其包含的具体内容如图5-5所示。

（2）让宝藏入库

既然我们知道了这些宝藏，那么如何让宝藏发挥价值也是至关重要的事情，最重要的是将这些宝藏入库。这项工作有"前人栽树，后人乘凉"的感觉，但归档后，受益的不仅仅是别人，自己也同样会受益。如果没有及时归档，你需要做一些工作时，就需要人工去索取资料，通过通信工具来回传递资料，甚至可能需要重头来做，费时费力。那么如何高效完成这个动作呢？

可以重点关注三个方面。

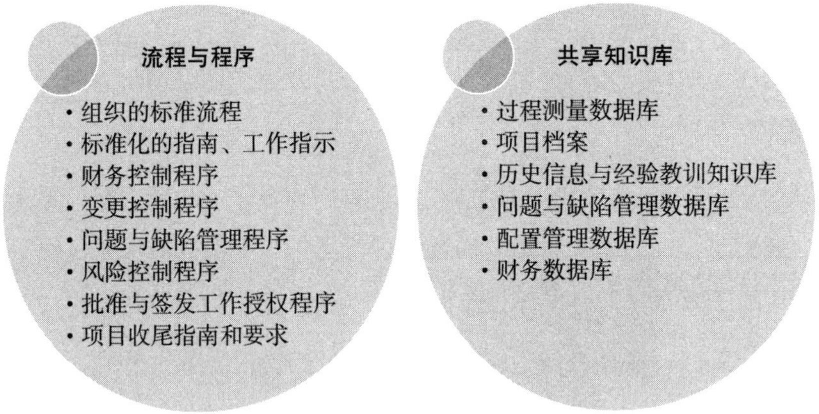

流程与程序
- 组织的标准流程
- 标准化的指南、工作指示
- 财务控制程序
- 变更控制程序
- 问题与缺陷管理程序
- 风险控制程序
- 批准与签发工作授权程序
- 项目收尾指南和要求

共享知识库
- 过程测量数据库
- 项目档案
- 历史信息与经验教训知识库
- 问题与缺陷管理数据库
- 配置管理数据库
- 财务数据库

图5-5 项目百宝箱的两类资产

第一，归档清单与模板：项目归档应该有统一的要求和合适的模板。
- 需要明确哪些资料需要归档，如用户培训需要归档哪些资料。
- 需要归档的资料的要求是什么，最好提供统一的模板，如项目阶段汇报模板，大家可以采用统一的要求准备和归档资料。

第二，内容的全面性与完整性。

不同项目的全面性可以根据实际情况调整，不是所有的项目需要归档的资料都完全一致。比如一些变更类的需求，可能不需要详细的设计说明书。需要注意的是，一旦确定需要归档的资料，需要保证内容的完整性，不能为了归档而归档，内容缺七少八，这样的文档就缺少参考价值。

第三，归档的位置。

归档的资料应该放在统一的位置，在不触及保密归档的前提下，让尽可能多的人有查阅权限，因为归档资料本来就是一种学习资料，我们可以通过查阅归档资料，理解历史项目的概况，给予现在正在进行的项目或未来的准备做的项目一些指导和参考。管理零散、大量错综复杂的信息需要一个更大的空间、治理的流程或指导来持续更新迭代，这是一个费财、费神和费力的系统工程，企业可以丰俭由人，根据内部人、财、物实际情况而决定。

正如8A公司因经费问题制约了"知识库"的建立，退而求其次让职能部门或项目组先创建公共盘供部门或组内员工使用，但问题是各部门的公共盘上的知识储备结构不统一，只有自己部门的人才能看得懂，难以让非部门内的员工借鉴和参考。对于知识库的搭建有不同实现的办法，市场上也有专业搭建知识库的第三方服务机构，将知识分为两个大类进行管理，分别是显性知识（看得见的理论知识文件、模板、报告等用文字的形式记录，容易传递）和隐性知识（主观的理解、感官、直觉，很难用文字形式记录），再结合企业业务流程连接信息传递系统构建而成。

知识是静止的，让它流动并使用起来才能体现真正的价值和意义。搭建知识库要根据企业不同状况量力而为，每个项目是独特的，所涉及的知识也不同，特别是项目结束后，每人所用到的技能不一样，感受和经验也不同，因此我们要鼓励激励相关的员工参与进来一起交流学习。

六 ▶ ▷

保持项目队伍活力的黄金法则

掘金之旅并非一帆风顺，期间会涉及不同的利益群体，总有一些人和事阻碍掘金的进程。作为挖金掌门人，项目经理要摆正角色定位，有扎实的硬本领，同时具备多种软技能以摆平各种障碍。对内要为团队营造信任协作氛围，对外要打造共赢，这也是团队活力的黄金法则。沟通到位是项目经理的重要职责，好好沟通、充分沟通、用心沟通可以化解绝大部分内外部矛盾。"事在人为"，人搞定了，事情就好办了。

1 项目经理切忌"一言堂"

作为项目经理，得到组织的授权，并领导项目团队完成项目目标。很多时候，我们需要项目经理强势一些，因为像软柿子，软绵绵的工作风格一定不是合格项目经理应该有的。作为项目经理，"强势"是一个基本要求。我们希望项目经理可以有在把控全局，带领团队解决问题，并在关键时刻当断即断的领导力；我们也希望项目经理在管理团队，营造互信协作氛围，提升团队士气和工作激情方面有着强大个人魅力的"人气"。但有时候我们的项目经理会由于过去的成功经验积攒了过度的自信和霸气，在决策上表现出过于依赖过去的经验，忽略每个项目的独特性，没有做到广开言路，聆听和收集多方意见而做了错误决定和走了弯路。

【案例】

8A公司面对激烈的市场竞争和疫情的不确定性，急需扩大原有的电商业务来提高盈利水平，为此8A公司聘请了有8年丰富电商经验的职业经理人杨凯作为项目经理。杨凯是沟通协调能力很强的人，为人热情，给人一种积极进取的形象。他的综合能力很强，过去的项目业绩也给予了8A公司管理层满满的信心。这个电商项目牵涉多个部门，有财务部、产品部、操作部、市场销售部、IT技术部、质量控制部、客服部、人事部和采购部，每个部门管理人都提名1~2个骨干人员参加。

杨凯完成了三个月的在职培训后正式启动项目并取得管理层的授权，他开始组织各个部门展开会议，但他不拘小节，经常会迟到。因为他觉得迟到与项目成果没有直接关系，他给予项目组员表达意见的机会，但在重大决策时会列举自己过往成功的项目经验，拒绝采纳别人的意见，并没有做出一些客观的分析来说服组员。组员质疑决策的有效性并指出过往的经验只代表过去，未必有利于8A公司长期的战略发展，例如，项目经理认为电商引流关键的是对客户有竞争力的价格，因为他在过往的电商销售中屡试不爽，但组员觉得客户看中的是服务和体验，客户会为物有所值的服务或产品付款，因此，在保证服务质量的基础上，价格下降的空间会很小。杨凯只是形式上听取了意见，并没有在这意见上做更多的综合研究和分析，他坚持价格至上的方向，这个做法引起了很多组员的不满，有几个在公司资历比较深的组员匿名写信到PMO和HR部门质疑项目经理的专业性并提议更换。

【案例分析】

这个案例中，我们看到了一个过往成功的霸道总裁式的强势项目经理，在转换不同环境时，沉浸并想复制自己过往的成功，固执己见，独断专横，不愿意接纳团队成员的意见，从而导致团队成员不满并且匿名投诉到了HR和PMO。

项目经理要有开放性和批判性思维、学会倾听和采纳不同的意见。俗话说得好："三个臭皮匠顶个诸葛亮。"项目工作其实就是一个团队合作，项目经理一定要避免独断专横，避免一言堂。正确的做法是让团队成员更好地参与项目的谋划并发表不同的意见，这样才能集思广益，找到最佳解决方案。同时，是赋能的体现，团队成员参与项目谋划和决策，那么他们对解决方案的认同度就高，后续跟进项目工作的积极性就高。

老领导们经常告诫资深项目经理，别太依赖过去成功的经验，要考虑每个项目的独特性，还有组织的背景和行业的特性，避免张冠李戴。为了快速响应市场的变化，很多公司内部没有相应的人才储备，都会高薪聘请行业内有丰富经验或技术的专业管理人员来带领团队发展新业务，优点无疑是快速且精准挑选到合适的人才，企业看重专业管理人士有多年实战的经验，能帮助企业在新赛道上少走弯路，从而减少试错风险，实行弯道超车。缺点就是他们加入企业的时间比较短，缺乏对企业内部组织结构和产品特性的了解，没有一定的沉淀，对企业内部文化不熟悉，在制定方案时会凭借过往成功的做法，却没有考虑到过往的做法在不同的背景、环境、企业文化和产品中是否适用而造成张冠李戴。案例中快消品电商和培训咨询服务类型的电商在制定策略上就会有很大的区别，在质量相同的条件下，快消电商的客户看重的可能是价格，培训咨询公司的客户看重的可能是认知（体验感），一旦策略错定就会影响项目最终的效益和交付。而项目经理杨凯凭借过往成功的项目经验或历史信息是否就可以提高时效降低项目失败的风险呢？这需要做综合分析再做决策，特别是要考虑行业的特殊性。

过去的成功能给人带来成就感、自信心和安全感，但如果没有做好心理建设，自我膨胀和自满这两个魔鬼就会入侵，容易让人迷失自我。摆脱这些屏障需要项目经理保持对外部环境保持一定敏锐度，对行业、企业组织要有足够多的了解，并且虚心学习和向他人请教。对历史复盘和总结，聆听和收集多方面的意见进行综合分析和对比，这样才能清楚哪些过往的成功经验是适用的，哪些不能，切忌把过往经验一概而论地直接套用，每次的成功都是对过去最佳实践结合当前情况的应用和超越。

2 信任先行，多维管理

现实世界中没有无限的预算，足够长的时间和非常顺利的项目，在项目过程中不多不少总会有一些影响项目向前发展人和事。**处理好人和事，推进项目达成目标，这是项目经理的主要工作，也是项目经理存在的价值。作为项目经理我们要营造信任氛围，给项目团队成员足够的支持和帮助以提升团队成员能力和有效解决问题**。有时候我们可以是后面抽鞭子的"坏人"，有时候我们需要成为团队成员的"导师"指点迷津。

【案例】

8A公司的陶菲成功通过了客户G公司财务变革项目的亚太区项目经理，很快也便走马上任了。客户G公司这个项目是他们财务的全球性的变革项目，从传统的财务运作模式变革为目前比较先进的三级管理模式，整个财务架构分战略财务、业务财务和共享财务，同时尽可能统一各地区分公司使用的财务系统，进而在各地区分公司推行全球财务标准流程。财务模块分为应付账款工作流、应收账款工作流和总账工作流。每个工作流配备了一位来自总公司的业务专家负责推动流程标准化，应付账款的是来自印度的萨钦。

项目开启了第一阶段的工作，影响分析研讨会，也就是要推行实施公司的全球标准流程，对于亚太区有什么影响，有哪些部分是无法按照公司标准流程走的，分析原因及找到解决方案。三个工作流都风风火火开启了各自部分的影响分析，第一周进展还算顺利的，唯有应付账款部分进度比较落后。也就在那一周的周五，陶菲收到了客户来自中国区的应付账款经理陈琛的邮件，邮件是这样写的：

陶菲，你好！

经过这一周的影响分析研讨会，我有几个情况想跟你反映一下，也希望你能帮忙协调，在接下来的不同主题的分析影响研讨会有所改善。

- 我们认为,这位印度的业务专家萨钦无法理解中国的业务流程,总认为什么都可以套用全球标准,我们有比较复杂的国情和比较复杂的税务。而且每场研讨会效率比较低,基本拖堂半个小时以上,不知道能否安排了解中国业务的专家来负责我们这次的影响分析?
- 会后我们收到差异日志的时候,发现萨钦没有很好地把我们的差异情况记录在差异日志上。我非常担忧后期系统的设计没有考虑我们的特殊情况而无法满足我们业务的需求。
- 这一周的研讨会,我们没有提前收到研讨会的具体主题内容,会议邀请也没有很明确些清楚,导致我们有部分研讨会没有相关流程的同事在场,我希望下周的研讨会能够提前通知主题内容以保证有相关的人员参加。
- 虽然你需要兼顾其他工作流的安排没法每次参加我们应付账款的研讨会,但我希望你能花时间了解一下我们这边的情况并做出快速调整。

谢谢!

陈琛

于是,陶菲连忙翻看了这一周其中一个主题的研讨会的录播。

在讨论到中国发票的入账的时候萨钦反复强调:"一张发票对应一个采购订单,这个是我们的标准,像中国香港一样,中国内陆也是需要按照这样的标准。"

"我们都理解这个标准,但是在中国有些供应商通常会一个采购订单对应有多个发票的情况,极少也有一个发票对应多个采购订单,这是我们的国情,有时候是因为地方税局的限制,单张发票金额不能超过一定数额,所以供应商也只能拆分金额开具几张发票,请看看如何处理。"陈琛说道。

"请你们跟供应商沟通,以后必须要一个发票对应一个采购订单,不符合的让他们重新开发票。"

"我们的一些项目工程是这样的,首先我们会支付一定的预付金,然后按照合同要求会有分期付款给供应商的情况，最后有一笔尾款是要求相关部门确认工程完工后一定时间没有质量问题才付款的，所以不能简单地设定一个付款期限让系统自动到期付款的。"

"请你们跟相关部门沟通，要求在合同上注明最后尾款的付款时间，这样你们就可以按照我们标准流程处理了。"

"站在业务部门的角度，这个尾款的时间确实是有点困难，在签合同的时候定下来，而且站在公司角度提前确定这个时间也未必有好处。"财务的其他同事讲道。

……

种种类似的讨论，没有什么结论，更坏的情况是萨钦没有把所有这些差异点登记到差异日志做后期跟进。

陶菲找到了萨钦了解情况，这个时候他看到萨钦有点受挫。他也诉苦："我在做北美差异分析的时候根本没有那么多的特殊情况，而且有的地方真的理解不了……"陶菲并没有第一时间向萨钦摆出问题要求整改，而是耐心地听萨钦各种诉苦并表示理解，最后才跟他一起探讨目前遇到的问题和改善方案。她把自己看到的问题摆出来并提出了自己的想法："我们推行标准化流程这个是很好的方向，但我们也不是一味地为了标准化而标准化，我们要看看标准化后是否带来价值和收益。如果当地有特殊的法律政策要求，或他们原来的做法就非常高效而且控制措施有效，我觉得可以是例外，不一定要跟着全球标准走……"接着陶菲采用引导式的沟通跟萨钦探讨怎样做才可能做出正确的决定，更有效地解决问题，整个过程均表现出对萨钦的信任。后来所有调整措施都是萨钦自己提议出来的，并进行有效实施。陶菲也通过HR/PMO的协助找到了位对中国财务业务了解的专家协助萨钦了解中国国情，并制定有针对性的解决方案。萨钦的态度也很好，非常配合，在接下来的研讨会及问题沟通解决方面有了非常大的改善。

【案例分析】

信任先行，多维管理，给项目团队成员足够的支持和帮助以提升团队成员能力并解决问题。

案例中，项目经理陶菲收到中国区财务经理投诉后并没有对萨钦指责施压，而是耐心倾听他的诉苦并首先运用同理心表示理解和共情，接下来才是引导他分析和解决问题，整个过程都展现了她对萨钦的充分信任。当项目出现问题的时候，项目经理对于犯错误的团队成员不能随意进行指责和施压，相反项目经理要安顿人心，对项目成员予以充分信任，给予支持和指导，以协助他们分析解决问题。他们也会在信任中成长提升和努力完成任务。

其实项目经理应该尽早识别团队成员的弱项，技能缺失等问题，而且越早越好。这样可以在早期做一些团队技能培训，人员安排上尽可能做到双保险，以及在项目计划中预留一定的缓冲。

那么，项目经理在实际管理项目的时候如何做呢？

首先，我们要主动观察自己的团队成员。很多时候，团队成员未必能意识到自己能力不足，或主动坦承自己能力不足，并向上一级提出需要指导。这时候，项目经理需要多关注这些情况：工作时间明显上升，工作汇报没有抓住关键点，出错或交付质量较差，客户不良反馈或投诉等。案例中，萨钦在研讨会上经常需要拖延半个小时以上，这些情况项目经理需要敏感发现问题并及早重视处理。

其次，项目经理要关注如何给予团队成员足够的帮助以提升能力并解决问题：团队成员能力与其工作要求不匹配，应立即采取措施指导帮扶。具体技能，业务流程方面，可以寻求业务部门，人力资源安排培训和专家指导。逻辑思路，分析解决问题能力，沟通和客户关系等方面，项目经理可以给予指导和帮扶。

最后，在项目成员是否需要替换的问题上，我们的建议是：换人不是一个优先选项，因为项目资源都是比较紧缺的，很难短时间找到适合的资源，项目时间的制约也是需要考虑的。除非项目成员与所需能力差距甚远，并且经过培训帮扶后无改善，或者是团队成员态度有问题（这个应该在项目组建和招聘是可以识别规避），这些情况下才考虑换人。参照图6-1能力态度（意愿）四象限决定管理方式及是否应该换人。

	态度（意愿）低	态度（意愿）高
能力高	能干但谨慎的队员（提升意愿足够认可）	明星队员（充分授权）
能力低	淘汰队员（不能者不留，应早期识别。否则只能给予具体指令）	态度好的生手或潜力股（给予指导）

图6-1　项目成员能力态度四象限

3　要做全能冠军

作为项目经理，我们的任务是领导项目团队完成项目目标。也就是说，项目经理是指导管理他人做事的角色。通常来说，一个项目会涉及不同的专业领域，项目经理不可能成为项目所有领域都精通的全才。但是，如果项目经理没有相关专业领域的知识，这个"指导管理"不就成了空谈了吗？这似乎是个矛盾点。

【案例】

林海是8A公司外派到某知名审计公司的项目经理，他负责的项目是客户

"智税"平台的开发和在客户公司的应用。

林海是8A公司的IT项目经理，他大学专业是计算机编程，参加工作后一直从事软件开发的工作，是非常出色的开发人员，上一年他决定由技术岗位转为项目经理。这次他被外派到某知名审计公司，负责"智税平台"项目的项目经理。这个项目也是林海作为项目经理生涯的第二个项目。"智税平台"是利用OCR（文字识别）技术，读取图片信息，或直接读取发票二维码信息并且依赖国家税务验证平台信息等来实现财务信息审核自动化，也包含增值税抵扣认证。

在管理这个项目期间，由于林海软件开发专业领域方面的知识非常精通，他很容易就可以把握住技术难点并有针对性地安排团队成员的分工，有时候他也帮着一起开发难点部分。项目一直很顺利，"智税平台"也成功通过了用户验收测试，接下来便要进入试运行阶段。当一切准备就绪，开发团队按照测试平台的设置，在真实应用环境设置完成开始应用的时候，问题发生了。不知道什么原因经过SFTP（加密文件传输）获得的图片资料全部受损，或图片重叠，OCR技术无法识别。林海立马组织技术团队研究问题，遗憾的是经过了几天的研究，没能识别出问题的原因。在测试环境反复测试，问题不存在，尽管真实环境使用同样设置但还是出现问题。这个时候客户财务经理婕华开始着急了，他连续发了几封邮件给林海，其中一封邮件是这样写的：

林海，你好！

这个技术问题已经第三天了！由于人员流动，我这边下周马上有两位同事离职，之前我们领导鉴于项目马上上线，自动化将会大大提升效率，也因此没有审批再招人的申请，也就是说再不启用自动化减轻一部分工作量，我们下周将会有财务单子累积，眼看也马上到月结了，下周内处理不完也会过了最后期限！

我强烈建议立刻启动已经测试好的备选方案！请今天内速回！谢谢！

婕华

后备方案是先不经过SFTP，人手存放电子图片信息，然后让平台继续完成OCR识别和自动审核。如果晚了处理单子，不但影响财务团队KPI，影响月结、报表，影响增值税的抵扣，还会导致部分供应商付款过来最后期限而可能招来供应商投诉和追讨滞纳金的问题，所以婕华是很着急的。

很显然，林海正埋头于技术问题解决，并没有及时看邮件，婕华并没有得到林海的任何回复。婕华也好不容易通过电话找到林海了，他也只是不耐烦地说："我说了，正在紧急抢修，很快就好了，先等等，有消息马上通知你！"也不等对方回应就把电话挂断了。婕华真是又气又火但拿他没办法，林海就一副技术人员的耿直。接下来几天林海就一头扎进了这个技术问题抢修，甚至通宵达旦，项目的其他事情他也完全没有理会过。婕华也实在没办法，只好投诉到项目发起人和8A公司。正因为林海还沉迷于问题抢修，他安排的一个项目阶段评审会也没去参加，导致按时参加会议的相关方很是不满。一下子项目似乎各方面都出了问题，也亮起了红灯。

【案例分析】

角色定位：项目经理是管理者不是个人贡献者。

很多项目经理其实都是从技术或者业务中来的，曾经都有着自己出色的技术或业务表现，都是可以独当一面的技术专家或业务专家。在实施项目过程碰到问题，项目经理很容易对自己熟悉的领域投入更多时间，并不经意地将这部分工作变成自己的重点，甚至把业务专家或者技术专家的活都抢了。正如案例中讲到的林海，把自己完全投入于技术问题的解决，对于项目的整体管控放一边，也使整个项目处于滞后和红灯状态。

项目经理要清晰知道自己的角色定位，从技术走向管理，要从技术的单一思维转向管理的结构化思维。我们是管理者，是需要对项目的实施进行管理，领导项目团队实现项目目标的人，不需要事必躬亲，不需要埋头苦干解决专业技术的问题。项目有技术专家，也有业务专家，专业技术的问题交给这些专家去解决。

角色转变：关键是工作理念的转变，从我想干什么到我应该干什么，从自己做事转变为带团队做事。

工作出色的人通常不愿意改变他们原有的工作方式，他们喜欢从事原有的专业技术工作。案例中的林海就是一个典型例子，很容易就忘我地投身于技术问题的解决，完全忘记了自己作为项目经理应该干什么。这也是很多优秀个人贡献者被提拔为经理的时候出现种种对经理岗位不适用的原因，岗位是经理，思维却是技术人员或业务人员，一些刚从技术或业务转岗的新项目经理也不例外。要做到角色的转变，项目经理必须坚信，我们只能通过团队成员完成任务才是自己取得成功的关键，所以我们必须把时间用于帮助团队，教练辅导和制定计划做好整体监控。

知人善用：做好分工授权，没有全能的项目经理，但有全能的项目团队。

领导力发展的第一阶段应学习的技能就包括有**知人善任，分工授权**，这些也是我们项目经理管理项目必须学习和具备的领导力。

一个项目会涉及不同的专业领域，项目经理不需要是项目所有领域都精通的全才，我们也不用任何问题都事必躬亲，更不需要当"无所不能"的超人项目经理。正确的做法是，项目经理需要了解自己的项目团队，了解每个人的专长，以及性格特点，做到知人善用。没有全能的项目经理，但有全能的项目团队。项目中我们要定义好团队职责，使用WBS做好项目任务的拆解和分配，授权赋能，一个能力性格高度互补的团队，才是能干成大事的优秀团队。有位领导在讲授项目管理的时候，讲到《西游记》里唐僧师徒五人这个团队，是互补型优秀团队的缩影。现在细想确实如此：唐僧作为项目经理，目标明确一心向佛，管理团队成员也有他的制胜法宝；孙悟空作为业务专家，能力高强只是性格不好；猪八戒作为组员，虽然偷懒，但他又是团队中的协作力象征；另一位组员沙僧，这个人则坚守本分，为取经工作提供了足够后勤保障；白龙马则是紧密配合，永远跟着领导走。师徒五人，完美诠释优秀团队所具备的特质：目标+能力+协作+支撑+配合。每个团队中的每个关键角色，往往都是某一方面的高手，有可能是优秀的复合型人才，但我们不苛求全才或完美。

在弱矩阵的项目组织模式下，做好分工授权和赋能尤为重要，这也是最好的管理团队的方式，和能够充分发挥团队成员主观能动性的一种方式。

总的来说，项目经理不需要是项目所有领域都精通的全能冠军，但也不能只对自己专业领域才熟悉的单项冠军。项目经理需要懂得一定的管理范围内的业务知识并把握住关键点，才能发挥指导把控全局的作用。项目经理只有掌握一定的业务知识、专业技术，才能与项目的相关方解释项目必要的业务商业信息（产品、服务、运营、客户、市场环境等），才能与项目发起人、团队和主题专家讨论制定合适的项目交付策略，以实现项目商业价值最大化的方式执行策略。

4　如何快速转变角色

所谓："在其位谋其政，任其职尽其责。"也就是说，在职场上，做到什么职位就要履行属于这个职位范畴内的责任和义务。但问题在于，当我们的职位发生变动后，思维却原地踏步，在项目管理上这种情况也是如此，一些在原有岗位上表现优秀的人被提拔后，也经常面临各种角色转变的困难。

【案例】

罗宾加入8A公司超过10年，一开始担任项目经理，3年内凭着出色的表现晋升为高级项目经理，之后他开始带领团队主要负责公司比较重要的项目或项目集管理。他是个完美主义者，对自己和事情有着高标准，做事讲究逻辑、细心严谨，擅长找出潜藏细节问题，然后提出建设性意见，尽心尽力，力求事事完美。因此，跟他共事的组员对他又爱又恨，组员敬重他的勤奋和好学，也因他带领的多个项目而受到总裁的表扬和奖励，但私下吐槽他挑剔，浪费时间和不留情面。罗宾的上司林总在1个月前宣布辞职，在辞职前曾在公司总裁C总面前提名罗宾作为接班人，故此C总任罗宾为项目总监，试用期为6个月以便观察。

在新岗位，罗宾投入了大量的时间学习他前任的工作和了解他的员工。前上司的离任导致了5个项目的进度都有不同程度的落后，有些项目团队各自为政、排斥异己，部门内部缺乏合作，团队士气低落，经常加班，加班的疲倦让士气更加低落，进入恶性循环。凭借过往的历练，他的果断和能力很快采取了行动，通过部门员工大会（TOWN HALL）了解和记录问题，会后重新调整工作重点和调配人手，定期项目检查，因此某些项目有了一些进展，但这些进展并不能令到总裁的满意。罗宾觉得很多下属的项目经理不如自己优秀，不如自己辛苦一点多参与这些项目推进进程。每天早上，罗宾办公室门口车水马龙，找他请示和批准工作的人络绎不绝，因此他没有足够的时间来处理整个项目集战略一致性的调整、收益、项目监控和治理的问题。尽管罗宾工作得非常努力也非常辛苦，项目上的问题却越来越多，目前有50%的项目面临延迟交付的风险，罗宾也感到极大的压力，每天加班的他有一晚上遇到C总。

C总："罗宾，晚上10点还不走？"

罗宾："C总好，自从林总走了后，50%的项目面临延迟交付，但我已安排了每天和各项目的人员开会跟踪进度，我今晚就是在研究有什么更好的方案来解决项目延迟所遇到的困难……"

C总摇了摇头拍了拍罗宾的肩膀回应："你的努力是可敬的，但是用错了地方，在新位置上你已经尽其职责了吗？好好回想一下当初林总当你们部门老大的时候，是他给你想解决方案还是他会让你们自己想解决方案然后他给出建议的呢？走，咱们到外面吃点东西慢慢聊……"

罗宾有点小委屈，但他明白C总的言外之意就是说要在其位谋其职，解决问题的事情应交给项目经理，总监的职责应该更多地思考如何物尽其用，人尽其才，成为项目经理的教练引导他们管理项目，管理组员和做出决定，通过定期的考核和反馈进一步提高项目经理综合解决问题的能力，他似乎想通了新岗位赋予他的责任是培训、引导、协助他人成功，这是项目执行力从上至下发生作用的关键。

【案例分析】

（1）在其位谋其职

通过案例可以看出，罗宾从项目基层做起，通过不断拓展和提升个人技能在其岗位上做出贡献而获得公司的提升。随着工作年限的增加，他工作的业绩、质量、可靠性得到认可并遵循公司价值观，因而公司增加了他的职责，让他担任项目组的总监。这个改变貌似是一个非常容易的事情，很多人觉得以前和现在不就是做项目管理，管理起来的事情都是大同小异的，只是管理范围大了而已，这往往会让人陷入一个误区。工作出色的人通常很喜欢原有的工作，很少去改变他们的工作方式，因为过去成功给予他们安全感和信心，结果岗位改变了，但工作方式没有改变。换句说话就是，岗位是总监，但思维却是经理。这也反映出他在经理转变到总监这个岗位上的历练不足，也揭露了很多公司只关心员工在工作上所需什么知识和技能，而不是期望员工学习某个管理层级所需学习的知识和技能。事实上，也是很少公司会花精力关心各个管理层级上在知识、技能和理念上的差异，然而培训很多时候是安排给员工非管理层级的人。罗宾缺失了从经理到总监这一阶段的培养，只能参照和模仿以前上司的管理方式（包括工作方式、安排、内容、理念），也没有人给予他在管理上的反馈，导致上司离开公司后，他一时之间很难抛弃原有管理的方法，管理者转型不了，除了不能给予下属和团队带来清晰的指引和信心外，管理者个人还会感觉时间不够用，从而影响生活和发展自我。正如罗宾所想，他的视野不应再停留在项目上，而是成为项目经理的后盾和导师，培训、引导、协助他人成长和解决问题，这才是长久保证项目成功的基石。

（2）我的时间不再是我的

每当上升一个层级，工作管理范围变大，职位所承担的责任越多，像罗宾这样的管理者要有更高效的时间管理能力纵览全局作出决策。从以前管理一个项目团队到现在管理整个项目组，工作内容不再是单纯地为自己项目做事，也不是忙着把所有时间用来救火，而是要从大局出发平衡错综复杂的关系，带领整个团队做事，时间应集中在如何帮助他人高效完成任务的能力上，因为下属和团队能力提高了，他们才能自主解决问题，管理者才有更多的时间去思考公司发展。否则，管理者只会疲于短期利益而忽视长远目标。除了学会管理时间，管理者要转变工作理念，非事必躬亲，学会选择人才，通过授权分配管理工作给适合的人，懂得在汇报或总结报告中发现和指出问题，给予下属经理带领团队共同分析并解决问题的机会，让每一个参与解决问题的人学习并积累经验，管理者无声中观察，必要时给出建议和支持，保证大方向和战略的一致性。时间管理就是以结果为导向，在目标、流程、绩效和上报机制清晰的前提下，少干预下属经理的工作安排和细节，设置好常规的会议或对话，利用数据和以上制度作为判断的依据有效管理时间。

（3）教会徒弟，饿死师傅

通过以上案例不难发现，其实也有些管理人是因为不知道该把哪些工作分出去，哪些应该自己把控，或者惧怕威胁自己的利益和被人超越而把工作统揽在自己的手上，事必躬亲导致时间不够用，这除了反映管理者思维上的局限外，还揭露了在授权能力上的问题。

授权对新任项目经理或项目总监来说是一种挑战。从心理角度看，把自己非常擅长并能为你带来成功感的工作放手给他人去做是难以接受的。自古有云："教会徒弟，饿死师傅。"这种心态产生的原因是来自生存的威胁。要摆脱威胁要依靠自己不断学习和超越自我，所以教会别人而饿死的"师父"

通常都是缺乏自信，自身能力不足，又不愿勤加学习的人。有实力的师傅从不惧怕超越，他们身上有求知的欲望和不断学习创新的态度。让管理者对授权不抗拒，他们自我意识上的改变很重要，只有他们正确认识到授权不意味着失去或放弃，而是帮助他人来实现自我发展时，他们才会更愿意培养下属和授权他人工作。管理者要对自己和下属有信心，还要有鼓励团队超越的胸怀，不要惧怕"功高盖主"，帮下属或他们的团队创造条件和发挥能力，实现双赢。

5 求同存异，学会借力

一般情况，项目成员在组织架构中不直接汇报给项目经理，项目成员在公司级别甚至比项目经理级别更高。那么，在项目过程中项目经理如何管理好项目团队成员，使项目顺利进行并成功完成项目目标？

【案例】

为了提升公司的竞争力，灵活应对各方面的资金压力，8A公司管理层决定制定执行公司新的费用预审批政策，便于公司内部费用可以有计划有控制地进行，保证公司现金流，同时减少不必要花费，对于超预算、无预算的花费，需要审查合理性、必要性，并获得部门最高领导额外审批。为了这一政策的执行落地，需要IT部门开发费用预审批工作流系统，预算系统需要升级使得预算系统跟后续采购系统，财务系统可以对接，并很好地监控费用是否在预算范围内及超预算是否有合理解释和审批。为此，采购部门需要更新采购政策，财务部管理会计需要设计预算追踪代码，并与目前财务会计科目等进行对接，从预算开始到费用发生可以识别是否有超预算的情况。同时，需要设计相应的报表以便管理层很清晰地看到各部门预算使用情况，并适当采取控制措施。考虑到跨部门协助，公司成立了项目推进政策和新系统流程的落地。公司对项目非常重视，项目团队的组成也非常强大（如图6-2费控项目架构）。可是在项目经理的任命上，可把PMO米娅给难倒了。公司现有的资深项目经理档期都排满了，有很多都是外部咨询项目，所以很难跟客户要求换人。米娅尝试找公司首席运营官和财务官商量是否可以把项目延后几个月，但领导们认为这个项目非常迫切，不能推迟了。米娅又看了公司项目经理的清单和档期，可以有档期的都是资历尚浅的项目经理，可是公司如此重视这个项目的，而且项目涉及部门相关方比较多，相关政策流程会影响全公司。米娅左思右想，她脑海里其实有个名字，就是很犹豫。他就是孙健，加入公司三年，是米娅一手培养起来的项目经理，所以米娅对他也很了解，他做事认真负责，很谦虚，相关方管理和带团队方面也有方法，但是就经验太少、资历太浅，还需要积累沉淀。他目前也只是C1初级项目经理，跟项目团队的某些成员相比还差了好几个级别。

项目不能延后，外部招聘也赶不及了，经过跟孙健的沟通，他对项目非常感兴趣，也很有意愿挑战自己。米娅决定任命孙健作为这个项目的项目经理，因为毕竟是资历尚浅，她特意交代了罗宾要帮忙多给予孙健项目管理实战方面的指导。

孙健知道自己项目管理经验不多，尤其这个项目的相关方和项目团队成员，几个模块项目主要成员的职位都比自己高，于是请教了罗宾。罗宾他具备多年资深项目管理经验，而且经常跟项目高层相关方紧密合作，可以说在8A公司没有他搞不定的相关方。罗宾跟孙健说："很多项目，项目成员都不是直接汇报给项目经理，而且这些项目成员的职位很可能会比项目经理高，这个是很常见的现象，不用太紧张。我先支你几招，你尝试着去做，之后有什么困难可以及时找我。"下面是罗宾提供的几招。

首先，在项目开踢会上明职责表承诺。

项目的开踢大会上，在邀请项目的相关方参加的时候，尽可能把这些项

图 6-2 费控项目架构

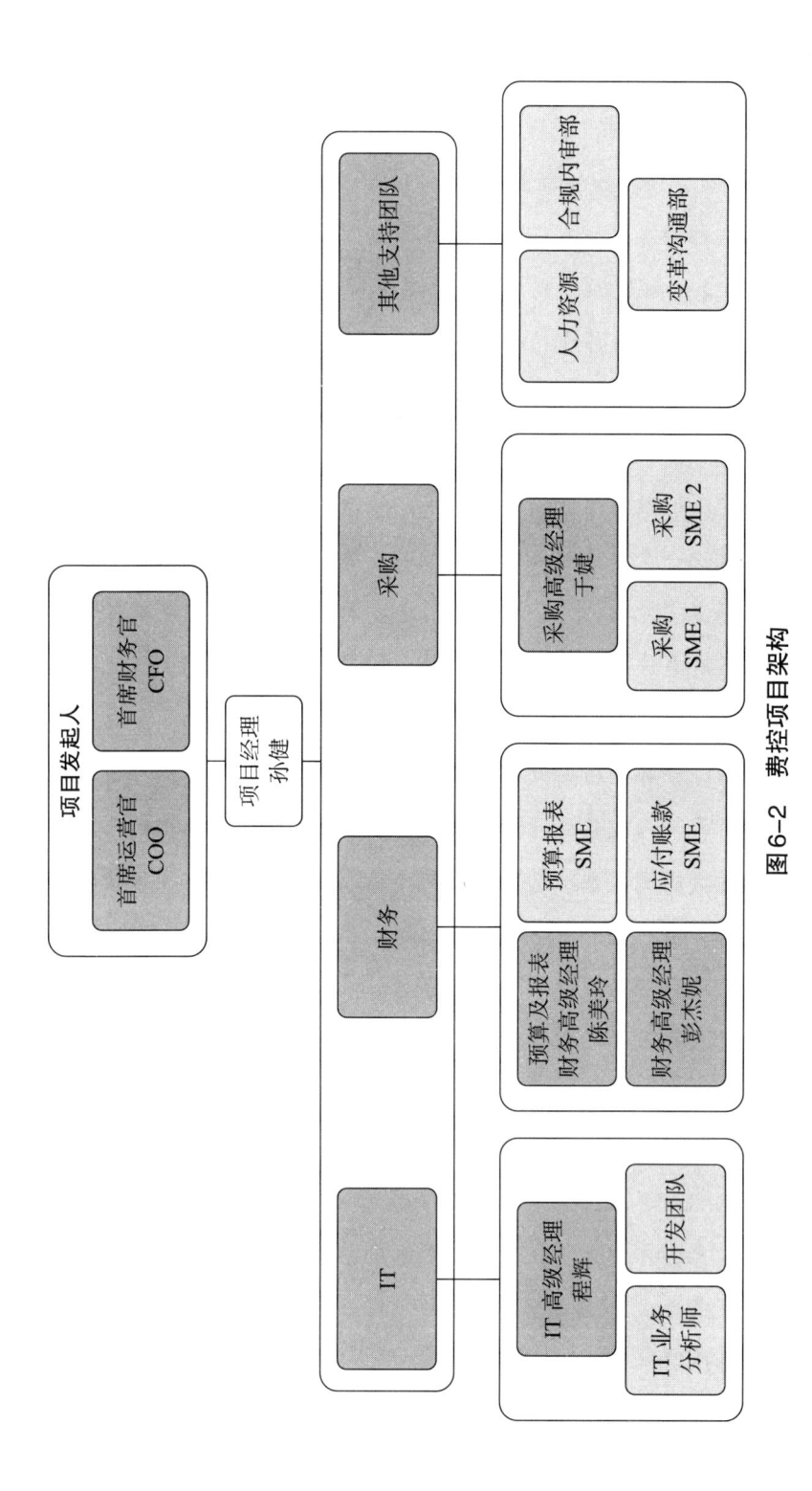

目成员的上级领导都邀请来，他们是很重要的相关方，项目需要他们给予资源的支持，他们下面的同事，也就是这个项目的成员，我们更需要他们的承诺要把项目工作按时、按量、按质完成。跟项目发起人沟通好，在会上要特别交代组织授权给项目经理，那么项目经理有权利有责任管理项目团队，大家要好好配合支持项目经理的工作。

寻求共同目标，强调协作，达到双赢。

当项目经理与项目团队成员没有组织架构上的从属汇报关系的时候，团队成员会自然而然地抵制项目经理的直接管理。项目团队成员其实也是项目的相关方，不是所有相关方都可以直接管理的，但他们的期望是可以管理的。部分项目团队成员其实更多关心的是自己组织架构上的领导对自己业绩表现好坏的评价，而不是项目的业绩表现。所以，要让项目的成果与团队成员业绩表现有关系，找到他关注的利益共同点或者让项目成果成为团队成员业绩的表现的一部分，这样就有了共同的目标。建议项目经理强调团队协作和赋能，我们更应该跟团队成员讨论对目标的理解和制定细化的行动计划，让团队成员发挥自主能动性把工作做好。项目经理跟项目团队成员更多的是合作关系，而不是上下级的管理关系。

最后，学会借力，你的项目发起人有责任帮助项目经理清除路障。

项目发起人的职责是什么？是为项目提供资源和支持，并负责为项目成功创造条件的个人和团体。如果团队成员不配合工作安排，无法产出项目需要的成果，那么这也是很大的路障。

很快这个项目举行了启动大会，孙健按照罗宾的提示，邀请了这些主要团队成员的上级领导，在会议上这些领导们都纷纷表示了对项目的支持，也要求来自他们业务团队的项目成员们配合项目经理安排，把项目工作做好，也达到了孙健想要的效果。

孙健在相关方管理方面也是有下功夫的，他接手项目开始就开始了识别、分析项目相关方的工作，首先是从自己的项目团队成员开始除了侧面收集信息，也主动约了项目几位主要成员安排1对1的面谈。IT的高级项目经理程辉、财务高级经理彭杰妮、采购高级经理于婕都一一面谈过了，只是财务预算报表高级经理陈美玲一直没法约上。

孙健也对项目的其他相关方做了类似的识别分析工作，也开始计划如何管理这些相关方的投入度。像于婕这样的相关方，孙健接下来找到对方想要通过项目成果表现来给自己业绩加分这样的需求，并把这个变为大家的共同目标。像陈美玲这样的相关方是他是比较重点关注的，在职位上他比孙健高，要对这样的团队成员直接管理是不可能的，特别是在亚洲这样的高权力距离文化，所以也是首先寻求共同目标，实现协助共赢，如果需要，也可以借力可以影响这位团队成员的人。

表6-1 费控项目相关方分析

相关方分析						
相关方姓名	相关方职位	相关方在项目的角色	对项目成功的影响程度（高/中/低）我们需要他多大的支持	目前对项目的投入和承诺度（高/中/低）他们的意愿/能力/已经支持我们多少	相关方的更多信息（动机、优先级、顾虑，什么对于他们来说很重要等）	可以影响该相关方的人
陈美玲	预算及报表财务高级经理	预算及报表模块业务负责人	高	低	她的直属上司刚离职，内部消息，那个位置不会外部招聘而是会内部提拔，她非常希望抓住这个机会晋升，希望表现自己，目前看来项目在她的优先级排序中是较低的	CFO首席财务官
于婕	采购高级经理	采购模块业务负责人	高	中	公司内部有"甩锅侠"之称，而且好大喜功。要注意其是否有人前人后的表现及分清职责	COO首席执行官

续表

相关方分析							
相关方姓名	相关方职位	相关方在项目的角色	对项目成功的影响程度（高/中/低）我们需要他多大的支持	目前对项目的投入和承诺度（高/中/低）他们的意愿/能力/已经支持我们多少	相关方的更多信息（动机、优先级、顾虑，什么对于他们来说很重要等）	可以影响该相关方的人
程辉	IT高级经理	技术方案搭建负责人	高	中	比较关注其内部团队的工作量、时间安排，希望项目可以按计划进行，否则他的团队时间安排将会跟其他项目有冲突	IT总监
彭杰妮	财务高级经理	费用模块业务负责人	高	高	靠谱，关注落地，这个项目可以帮助规范目前财务费用流程并提升效率，所以她对项目很积极配合，也希望从中帮助自己部门业绩提升，是可以帮助推动项目的成员	CFO首席财务官

项目很快进入需求收集阶段。如前所料，陈美玲经理对于项目果然不积极，项目会议经常不是迟到就是直接缺席，她那部分的需求也一直没收集好。她指派来的业务专家对目前流程还是熟悉的，但对于配合新的费用管控政策的设计调整没有任何的想法，还是需要等陈经理来解答。孙健尝试了各种方式联系陈经理，邮件一般要等好几天，而且也没有回复完整的信息，电话经常找不到人的，要么就匆匆聊两句对方就赶着去开会。于是孙健想起了罗宾建议里的"撒手锏"，正好项目发起人也是这位陈经理的直接汇报人。孙健与CFO是有安排每周汇报会的。这一次，在事先跟CFO沟通过项目目前的问题和挑战后，也经过CFO的同意后，他特意也把陈美玲经理邀请来了这周的周会。当然，孙健也同时跟陈经理沟通了邀请她来这个周会的原因，也让她准

备一下针对项目自己部分的工作是否有什么困难等。

会上CFO问:"美玲,这段时间真辛苦你了,兼顾着运营、团队管理,同时负责这个费控项目的工作。据我了解,费控项目了解到你的模块有点落后,我也想了解一下你目前工作遇到什么困难,看看我可以怎么支持你的工作。"

陈经理急忙回答:"老板,实在抱歉,公司几个业务线的负责人对我们的管理报表提出了疑问和修改意见,我最近都忙着跟这几个部门负责人沟通处理这个事情,所以项目的事都耽误了。"

"要不这样吧,你安排你下面的两位预算和报表主管协助孙健把项目这些方面的需求赶紧补上,有些地方需要你协助决策一下的你要给这两位主管一些指导和确认。如果你的团队工作安排不过来,我可以跟其他财务团队的经理沟通一下安排人手过来帮助你。美玲,这个项目公司很重视,我也希望你好好表现,这也是你业绩表现的一部分啊。"

"好的,我会好好表现的,请老板放心……"陈经理立马确认。

这次会议后,陈经理对项目的态度似乎有了360度的变化,优先级立马排上来了。孙健也跟陈经理及她的两位主管紧密合作,很快也把落下的项目工作进度都补上来了。

也许是深知自己资历不深,孙健在负责这个项目期间各方面都比较细致,项目管理上的问题很多时候都虚心请教PMO米亚和资深项目经理罗宾。另外,他没有错过任何一场需求收集会议,经常请教业务专家,希望自己尽可能多地了解掌握业务相关知识,为了更好地抓住项目关键点和管理好项目。

终于,短短的6个月,孙健没有辜负管理层寄予的厚望,项目成功上线了。为了感谢团队,他也把公司给项目的奖金全部分发给了项目团队成员,自己一分不要。

【案例分析】

案例中,孙健这种资历较浅,但能够成功管理一个中等以上复杂而且又具有战略重要性的项目例子,其实是很少见的,但也绝非不可能。当我们没有合适的项目经理,但项目又需要急需开展的时候,不妨尝试给予年轻资历浅,但很有潜力的项目经理机会,相信他们会有一颗虚心学习并且想要证明自己的心。同时做好双保险,多关注并安排教练以降低项目失败的风险。

6　项目经理面对投诉该怎么办

项目经理作为项目的主要负责人,当项目遇到各种问题和挑战时,可能会面对内外投诉和挑战。没有经过投诉和挑战的项目经理,不算是成熟的项目经理。

有投诉和挑战,真的是项目经理做得不好吗?其实并非如此,项目经理是项目的协同者和项目的管理者。**项目成员和项目相关方,在项目中都只是承担某个或某些职责,而项目经理则看到的是项目的整体全貌。某个点出的问题,都可能会被放大,被认为是项目管理的问题,进而出现投诉**。项目经理面对投诉该怎么办呢?

【案例】

早上,项目经理罗宾按照往常打开电子邮件,发现有一封来自财务代表彭杰妮的投诉邮件。业财一体化项目,已经启动了将近1个月了,但是我们的供应商一直没有进场,作为重要的用户,对整体项目的进展表示担忧。邮件中专门提到:"因为项目管理的问题,导致项目计划中的实施调研进度延期,影响后续财务部门目标的达成,希望能从公司层面做出安排,对项目管理做全面提升。"邮件发给了项目管理办公室的领导米亚和项目经理罗宾,抄送了很多公司管理层。

"终于还是来了",罗宾其实心中早有预期。其实供应商入场延期这个问题，持续有段时间了，近期一直在推动公司法务菁菁和采购专员丽琼等沟通商务条款事宜。业财一体化项目，财务部门希望在财务订单数据中增加客户投诉及退货相关数据，从财务角度支持产品和客户服务改进。因为该新增功能，可能会导致项目交付周期受到影响，同时因为合同条款中存在延期交付罚款，所以双方还在合同条款沟通中。

在上周罗宾已经专门跟项目管理办公室汇报过，并同步告知了可能会有邮件投诉的事。果真来了，因为一个内部需求，涉及财务、法务、采购的问题，最后却被财务定位为项目管理的问题。

由于罗宾之前及时内部上报，米亚也很清楚问题背景，提前跟管理层做了信息同步。这次投诉，没有对罗宾的项目管理工作造成影响，而是为项目争取了更多的资源，推动了供应商入场问题的快速解决。

【案例分析】

这样的场景，在项目管理中很常见。什么问题都可以归结为项目管理的问题。最后项目经理首当其冲，会被投诉。面对投诉，我们不用害怕，做好相关工作，总结下来有三句话：事做细，心里有数，心态好。

第一，项目管理的细节要做到位。

作为项目经理，项目范围、进度、成本、风险、质量、变更、资源、沟通、相关方管理这些工作细节要做到位。相应的计划，执行的进展记录、会议纪要、问题清单、跟进进展，这些事情不能遗漏。事情做到位后，面对问题和挑战，能够非常快速地反馈细节，经得起挑战。

项目经理的专业能力，是第一把斧。专业能力是立身之本。不清楚项目的资源构成、项目计划、成本使用情况，里程碑计划等这些核心要点，尤其是不能协同项目团队有效地识别风险，进行相应的应对，收到投诉和挑战是必然的事情。每个项目组成员，在项目中都会有相应的职责边界，项目经理的专业相关的工作一定要做细，做扎实。

第二，心里有杆秤。

投诉发生时，一般是问题出现后，持续无法解决，而且项目相关方从项目经理找不到任何方式得到帮助。项目管理的投诉，不一定就是针对项目经理，但是项目经理有职责梳理项目组团队内的权责关系。问题可以按照项目权责，找到相应的负责人，将问题的负责人推到问题解决的第一线，推动协同推进解决问题。

我们需要心里非常清楚问题的根本原因是什么？谁应该为这件事情负责。当有更多高层级因为投诉介入项目时，项目经理要让他们既能了解到项目全貌，需要时也能了解项目的细节信息，这样可以获得高层的信任和支持。有时候，有冲突、有投诉也可能是好事，这样可以引起高层关注并推进项目问题的解决。

第三，要有抗压能力。

我们一定要认识到，项目不太可能让所有人都满意。投诉到来的时候，一定会有多方压力，项目经理必须要有抗压能力。所有的问题都可能会归责到项目管理的问题，资源不到位，计划执行不下去，都有可能被挑战是项目管理没有做好。某些场景下投诉的目的是获得更多的资源，有些问题是现有项目资源无法解决的，依赖外部多方的配合。项目经理是沟通协作者的角色，权力有限，不一定能够争取到所需的资源。及时向多方同步信息，将问题及项目的全貌展现在多方的面前，是项目经理应该去做的职责。

总之，从术的层面上，我们要把项目管理的专业工作做细做扎实，不能成为甩手掌柜；从法的层面上，项目管理要得法，必须心中有杆秤，有自己的判断，有项目的全貌，权责要分清，出现问题，能够非常清楚问题的根本原因，谁应该为问题负责；从道的层面，要认识到项目经理是在有限资源、有限时间、有限资金的情况下按时高质量地达成项目目标，必然会受到多方挑战，要有抗压能力，有定力。

事做细、心里有数、心态好，当外部投诉来临时，自然任尔东西南北风，我自岿然不动。

7 如何化解矛盾冲突

项目经理经常会遇到冲突的情况，作为项目的管理者，需要有效应对。项目中甩锅的有，躺平的有，事不关己高高挂起的也有。各种各样的态度，各式各样的人，如何协调不同相关方的关系，最后协同达成项目目标，非常考验项目经理的人际沟通、协调能力。有时候，要勇于往前，敢于指出问题，全面推动问题解决。作为在多方协作中，最敢于斗争的人。有时候，需要我们通过策略性方式懂得妥协和让步，联合一切可以联合的伙伴及相关方，确保项目的顺利推进。

大部分冲突产生的表面原因是沟通问题，例如没有沟通好关键人员的工作安排；也有关于质量问题引起的冲突，即各执行团队对项目质量标准的理解不同，导致冲突产生。更深一层的原因，是冲突双方或多方的预期与项目实际出现较大偏差，可能是由于对项目任务的解读程度不同，对质量标准的理解程度不同，在项目进展的过程中，不被察觉地累积起来，形成了冲突爆发的基础。

【案例】

8A公司制定了公司转型的战略目标，并计划通过实施项目来达成转型。项目的路线图计划如下，分三个阶段实施：

第一阶段：开发在线培训的App（有安卓版和ISO版）。主要功能：线上视频课程，实现线上购买，并且服务信息能够得到存储和记录。App计划在6~8个月上线。

第二阶段：录制目前的配套咨询课程，并配合App的开发计划，分批次同步到线上。课程录制预计2~3个月完成。

第三阶段：阶段二完成后，再开发针对个人用户的新课程。

一天，测试工程师在测试时候，发现ISO版本的代码无法运行了，反复尝试了几遍，ISO版本还是无法运行，而安卓版本的代码运行良好。测试工程师只好把问题汇总向项目组汇报。分管ISO开发项目经理的很疑惑，因为之前开发的时候，ISO版本的可以跑通。难道出了什么意外？他通知了负责开发的工程师反复检查，针对代码不断优化，好像还是不能让代码跑起来，测试工作一拖再拖，迟迟不能通过。此前项目一直进展顺利，项目经理也没有花太多时间和精力关注此部分的开发和测试，突如其来的问题且迟迟未能解决让项目经理感到压力巨大，因为离上线的时间只有一周了，难道就只能够先上线安卓版本？

项目经理马上召集团队来进行头脑风暴，看看问题到底出在哪里，但是头脑风暴会上，两组开发人员却在互相推搪，分管安卓开发组的高级工程师说："我们没必要参加吧？我们组没有问题！"ISO开发组说："我们上周还正常跑，怎么这周就突然不行了？难道是测试工程师的问题？"测试工程师当场就暴跳如雷，准备冲上去要找ISO组的理论："我辛辛苦苦每天加班一遍一遍测试，你们竟然说是我的问题！"现场乱成一锅粥……

项目负责人罗宾马上出来控制场面，等各组人员先冷静下来。然后在一块白板上画了一个鱼骨图，然后对团队说："大家冷静，我们还没上线，现在我领着大家来做分析，有问题我们一起解决。项目上不了线，我会处理，大家先不要惊慌。"

罗宾画了鱼骨图，然后开始问问题，你们两组有没有做版本号记录？拿过来看看？一句话，惊醒了全部人，这也是测试最容易犯的错误。经过项目团队的检查，果然ISO版本号保存错了，有开发人员误把有bug的版本存成最新的版号了……后来再次检查，安卓组的版本号也有误，只是碰巧没在测试中出错才没被发现。

于是，项目负责人罗宾召集了分管开发的项目经理，开发工程师和测试工程师，重新设计目前的开发和测试流程，确保不能再出现类似低级的错误，而且项目经理和开发组负责版本管理的组员都需暂时调离岗位接受再培训。

【案例分析】

现代的项目管理内容，或多或少包含复杂的技术细节和专业要求，还有复杂的沟通渠道和对象，一般执行层面的人很难知道问题的根本原因。上述案例，冲突的各方都是执行层面的团队。代码测试的执行团队只能察觉代码无法运行这个表现，负责开发的团队也很难在短时间内察觉代码无法运行的原因，双方在各自负责的范围内，都认为执行没有问题，把各自的情况上报给项目经理。项目经理和团队乐观认为不存在问题，认为进度、范围等项目指标没有出现偏差，项目就是健康的、正常的；一旦出现问题，反而无法找到问题的根源。执行团队之间为了规避被追责的情况，出现相互推诿、言语冲突等情况，场面接近失控。

项目经理遇到类似的情况如何处理？

（1）主动领导

项目经理需要让团队知道，项目遇到问题是常态，没有问题的项目才是有问题的。项目过程中遇到问题，需要及时反馈，所有项目内的问题最后都是需要团队合作去处理，而不是靠单打独斗去解决的。同时，项目经理本人在项目遇到挑战和问题时，要敢于承担，能够快速切中问题要害，寻求资源解决问题。

（2）在现场看进度

无论是什么类型的项目，现场很重要，项目经理只有积极参与，才能接触并收集第一手的信息，才能有效掌握信息并做出正确的判断。项目经理对项目有全局把控，清楚项目的范围边界、深刻理解项目成员及相关方的权责和利益关系、对问题和风险要有效管控、对成本和进度要清晰、对质量问题的应对要有深刻理解，才能在多方冲突中言之有物，团队成员也会感受到项目经理身体力行的领导力和解决问题的能力，在遇到冲突的时候更信任项目经理的领导，并参与其中，共同推动问题解决。

（3）奖罚分明

团队管理要奖罚分明，项目经理对最终的交付结果负责，团队成员按项目要求去执行。项目经理心中必须有一杆秤，非常清楚地知道项目成员应该承担的职责，遇到未承担职责的团队成员和相关方，要敢于指出，并且按照项目管理规则对这些人员做出相应的处理。项目经理按照规则去管理团队，尽量做到公平，团队才有凝聚力，遇到困难才有信心共同进退。

面对挑战和问题时，项目经理要有底气、有勇气、有胆量跳出来，指出问题，并勇于担当推进项目。面对各种各样的冲突时，也懂得选择合适的策略，去化解冲突，营造团队互相协作、互相信任的氛围，尽可能建立统一战线，使项目团队的战斗力最大化。

8 如何向上反馈

项目经理一般会花80%~90%的时间在进行项目的沟通，沟通涉及向上、向下、平级之间的沟通，也涉及对内对外的沟通。这里我们讲讲项目经理是怎么汇报工作？怎么设定汇报工作的频次？出了问题，要怎么反馈？这是每个项目经理必须修炼的课程。这里没有标准答案，我们可以基于以下情景进行探讨。

【案例】

情景一：

"这些问题怎么现在才发现？"视频组项目经理着急了，还有2天，8A公司视频组准备发布新的课程。正是这个紧要关头，他突然收到测试版报告，视频课程发现了若干个缺陷，需要紧急赶工，项目经理愤怒地把报告直接拍桌子上，"你们谁告诉我？我要怎么跟老板汇报？"经理继续问。

组员们有的说："我们之前的作业登记表上没有这个功能的描述。"有的还拿出了进度表给项目经理看，有的说："能不能延迟发布呢？我们的时间不够了！"有的组员则说："要不要先把没问题的视频上了，有问题的我们赶工赶进度？"大家激烈讨论着，项目经理深吸了一口气，默默记录下大家的想法。

他知道，项目经理可以抱怨、可以发怒、可以沮丧，但是项目如果延期，责任都在自己。

情景二：

项目总负责人听取了项目经理的周汇报后，支持项目经理提出的应急方案，即分批上线：安排连续赶工3天，把部分视频课程缺陷修复，按原计划上线一部分课程。剩余没修复好的，继续安排人手紧急排查调试，争取在第一部分课程上线的第一天修复问题，并上线全部剩余课程。经团队排查，发现问题原来是出在某个API的环境参数是测试环境的并不是正式环境，项目团队在当天紧急修复问题后，也把剩余课程上线了，为确保没问题，同时安排业务员做heath check。结果也如大家所愿，所以课程上线后的第二天真实用户使用的时候再也没出现问题了，最后算是成功上线了。

【案例分析】

这是个连续的情景，情景一是项目上线前，突发的事件导致可能的延期和工时的增加；情景二是后续项目经理的处理。项目经理如果遇到类似的情况，可以参考以下几点建议：

第一，项目延期的责任在项目经理。项目经理不对单个或整体项目的交付物负责，但对项目整体管控、进度负责，出现了导致延期交付的事件，他是第一责任人，切忌甩锅和推诿责任。

第二，确认导致延期的可能原因和准备应急方案。虽然项目一般有应急预案，但项目经理也应该提供更多的信息给项目总负责人或者项目发起人以便执行下一步方案。

第三，如实向项目总负责人或发起人等管理层汇报情况。

案例中视频组项目经理在这里的角色是执行者，在案例情景一，他遇到的问题，如是否延期发布、分批上线等，实际上已经超过他的范围，他只能上报给更高一层级，即项目总罗宾，同时向上汇报的时候，建议项目经理是给出应急方案和根据权重再细分交付顺序。这也涉及"例外管理"这一概念，当问题发生时，项目经理首先分析问题并确认是否在自己授权范围。若是，则授权解决；若不是，则需要上报领导并提供解决问题的方案以寻求上级授权解决问题。

第四，建立定期汇报沟通机制。

项目经理在制订沟通计划的时候，非常推荐建立定期的项目工作汇报沟通机制。如向项目委员会的汇报，向项目总负责人的汇报等可以是根据实际需求确定为每周、每两周、每月等。管理层都希望事情是可以在他们掌控之中的，都不喜欢"惊喜"，不管是好的还是坏的。因此，定期汇报项目工作，不但能够让这些高层相关方了解项目情况，管理他们的参与度和支持度，也可以在项目出现问题的关键时刻，获得他们的快速决策支持。

第五，分阶段交付管理技术。

在时间、资源极度紧张的情况下，项目经理仍要保持集中资源交付的好习惯，在已知无法按时上线视频课程的情况下，先让部分视频课程上线，再逐个修复其他的问题。这也是实际项目管理中常用的一个思路。

9 相关方管理的艺术

项目中，项目经理花比较多时间的地方是项目的相关方管理。我们有一类相关方特别需要项目经理重点关注，就是能够对项目做决策并且手握资源的高层管理者。能够获得高层管理者的支持自然是项目获得成功的强大后盾。对于这类相关方，项目经理对其直接管理是不可能的，那么项目经理更多的是管理他们的参与度，以及管理他们对项目的期望，从而让他们支持项目工作或者至少不反对项目。过程中，与高层管理者建立通畅的沟通渠道是前提，好好沟通，充分沟通，用心沟通是关键，了解他们的关注点和真正的需求，才能适当干预，让他们有足够的参与度以推进项目健康发展。

【案例】

随着8A公司业务线越做越大，公司内外业务呈现多点开花，经营管理中心领导提出公司需要建设一个数字化的经营指挥平台。通过这个平台，高层可以及时有效地监控企业的经营状况，了解公司经营目标的执行情况，并对风险问题做及时预警和指导，为公司这艘航行在商海的大船指明方向。该提案得到了公司各业务部门高层领导的认可，并在公司战略会上一致通过确认了将成立项目来构建这个经营指挥平台，董事长也给予了很大的期待。这个项目交到陶菲手上，陶菲也是信心满满的准备大干一场。

在项目启动阶段，陶菲草拟的项目章程在多次高层会议上达成共识，项目启动会顺利召开。陶菲在项目启动会后把章程等相关项目资料发给了所有的相关高层。但在制订干系人管理计划时，项目人员有了重大变动，原来的项目带头人高管A突然被安排了去处理分公司的一些紧急要务，接下来的一段比较长的时间将无法参与项目。于是，管理层决定任命高管F作为此项目的带头人，高管F被临时任命加上本身对此项目的前因后果并不清楚，而且高管F新官上任也有其他的业绩考核指标，目前这个项目并不是他优先处理的事情，所以高管F对此项目并不十分上心。鉴于该项目涉及较多的业务部门，有些项目会议高管F也只好参与一下，但也只是例行公事一样出席一会儿。很多时候，他没有给项目指导性的建议，尤其是在一些项目评审会议上需要高管F拍板的时候，他总是迟迟不决策，有时候提出计划不够细，有时候提出报告格式有问题等。陶菲事后通过邮件与高管F跟进，也曾亲自到高管F的办公室当面解释所有问题和各种计划方案，相关材料也以他喜欢的PPT的文件格式提供。同时，借着各种机会跟高管F明示暗示这个项目的重要性及董事长的期望等。虽然项目有所推进，但进展也不那么理想。

眼看项目就要延迟交付了，陶菲很是着急，但面对高管F的不上心，她不知道如何是好。于是，陶菲找到了PMO米亚，向米亚诉说了目前项目的困境，同时请教米亚如何管理像高管F这样的高层管理者。

"你是否有真正了解高管F目前关注的地方是什么呢？据我所知，他现在也在负责公司另一个关于提升公司销售业绩的重要项目。他非常需要一些关于公司经营的关键指标和数据，以及过往签订的合同金额、销售净利率和回款率等的数据做前期分析。在个问题上他也有点一筹莫展，因为目前获得这些信息实在太困难了……"

米亚这么一说，陶菲有点茅塞顿开的感觉，"这真是太好了，其实我现在这个项目能够帮到高管F解决这些问题，经营指挥平台这个项目就是会收集这些经营关键指标数据，以仪表板（dashboard）这样的方式呈现给管理层做决策的。谢谢米亚指点！"

了解这些后，陶菲再次会见高管F，她故意询问高管F的销售项目进展和关于经营关键指标数据问题解决情况。果然这个数据获得问题是他目前很头疼的事。陶菲顺势给F总深入讲解了经营指挥平台这个项目的目标和交付成果，正是能够解决F总目前头疼的问题，与F总的销售项目很是相关，前期可以提供数据做分析，后续可以检验销售目标的实现。听完陶菲的讲解，高管F总开始对经营指挥平台这个项目重视起来了，也认可了该项目的价值。

在接下来的项目会议，F总都能全程参与，并主动要求与陶菲的1对1项目面谈由两周一次调成了一周一次，希望更紧密地沟通了解项目进展和给予支持。在后续项目过程中遇到的资源问题等，高管F总经常帮项目站台并做资源倾斜。有了高管F的支持，项目实施得到了有效推进，并成功按计划完成了1.0版本，不仅为公司经营管理层提供了很好的指挥平台，还为F总的销售项目提供了强大的数据支撑。

【案例分析】

项目的相关方管理其实是相关方参与度和期望的管理。有时候，项目相关方、管理层参与度不高，不支持项目仅仅是因为他们对项目没有足够的了解，因此沟通非常关键。

在与项目相关方沟通的时候，需要想清楚三件事：谁是我的听众？他们想听什么？他们想怎么听？案例中的F总，虽然陶菲前期与F总解释过项目的具体情况和计划等，也强调了重要性，但并没有得到F总的关注。后来了解F总的遇到的问题后，从他关注点出发去进行沟通，更深入讲解项目的具体情况，并分析与让其关注的问题的相关性。内容是F总想听的，通过从他关注的问题引入去沟通也能达到很好的沟通效果。在现实中，项目经理单纯的沟通项目计划、项目进度等，其实很多业务的老大是不爱听的，他们更喜欢听项目对业务的帮助和影响。这些高层也希望项目经理的沟通汇报是有逻辑的，金字塔结构是比较推荐的逻辑结构：自上而下，结论先行，所有支撑结论的信息都可以在有需要的时候一层一层展开。总之，时刻关注你的听众，他想听什么和想怎么听会大大提升沟通效果。

沟通除了讲究技巧方法外，沟通更需要用心。

与项目关键相关方沟通其实更讲究用心，多站在对方角度思考问题，多关注对方的利益，而不是单单想着如何推进项目，如何达成自己的业绩。

总而言之，搞定高层，需要方法，需要有的放矢，更需要用心。

附 录 ▶▷

项目管理常用模板

01-项目章程

项目名称		预计完成日期	
项目发起人		项目经理	
文档修订日期		版本号	V1.0

业务需要/目的

- 目前的业务情况如何？
- 当前形势导致的关键问题是什么？
- 你将要进行的项目如何纠正这个问题？

高阶项目目标/可交付成果

建议采用如下三段式描述项目拟交付的产品或服务：

- "你要做什么"：描述要做的事情。
- "用什么样的方式"：描述"如何"克服项目风险的主要范围、关键策略和关键行动（试着将这些要点限制在3~5个要点内）。
- "因此"：描述了这个项目直接获得的收益。

高阶项目范围

定义了项目交付的边界和范围，包括项目交付的和不会在项目中交付的。

- 项目交付1：

- 项目交付2：
- 项目不交付1：
- 项目不交付2：

项目预估成本

项目一次性实施成本和上线后运维成本预估（预估的颗粒度可以是+/-50%）。

项目关键成功标准

用来衡量项目成功与否的关键标准。

项目约束条件

包含任何会限制项目团队交付的因素：
- 资源。
- 时间。
- 序列。
- 技术。
- 供应商。
- 过程、方法。

项目假设/假定条件

通常包含促使项目成功或及时交付所需要为真的因素，如果这些因素不为真，将会对项目成本、范围或时间等产生负面影响。

项目授权

本项目章程应由项目发起人签署，以正式授权本项目。

项目发起人签名：_____ 日期：_____

项目经理签名：_____ 日期：_____

02-项目计划

项目名称		预计完成日期	
项目发起人		项目经理	
文档修订日期		版本号	V1.0

业务需要（目的）

- 目前的业务情况如何？
- 当前形势导致的关键问题是什么？
- 你将要进行的项目如何纠正这个问题？

项目详细目标或可交付成果

建议采用如下的三段式描述项目拟交付的产品或服务。

- "你要做什么"：描述要做的事情。
- "用什么样的方式"：描述"如何"克服项目风险的主要范围、关键策略和关键行动（试着将这些要点限制在3~5个要点内）。
- "因此"：描述了这个项目直接获得的收益。

项目详细范围

定义了项目的交付的边界和范围，包括项目交付的和不会在项目中交付的。

- 项目交付1：
- 项目交付2：

- 项目不交付1：
- 项目不交付2：

项目关键成功标准

用来衡量项目成功与否的关键标准。

项目约束条件

包含任何会限制项目团队交付的因素：
- 资源。
- 时间。
- 序列。
- 技术。
- 供应商。
- 过程或方法。

项目假设/假定条件

通常包含促使项目成功或及时交付所需要为真的因素，如果这些因素不为真，将会对项目成本、范围或时间等产生负面影响。

项目里程碑和进度计划

描述项目可交付成果的预期完成时间表和主要里程碑的总结，可借助MS Project等软件对项目进度进行管理。

项目成本及效益分析

项目成本包括一次性成本和持续运营成本，项目经理需要与业务合作伙伴成本的预算，以及如何分配持续运营成本等方面提前达成一致。项目收益包括直接收益（通常可以量化）、间接、软、无形收益（通常比较难量化）。

项目成本项	成本类型	金额	第一年	第二年	第三年
总金额					

项目组织结构和人员列表

项目角色	姓名	职务
项目发起人		
项目委员会		
项目委员会		
项目委员会		
项目经理		
项目核心成员		
项目核心成员		
项目核心成员		
项目成员		
项目成员		
项目成员		
项目资源		
项目资源		
项目资源		

项目变更管理计划

包含项目执行过程中识别、记录、批准、管理变更的流程、关键角色和职责，以及这些变更出现的时间和执行变更所需的工作。

附件1：项目沟通计划

项目沟通计划包括需要与谁、如何、什么频率沟通哪些信息。项目经理应定期审查项目沟通的结果，以确保它仍然满足项目的需要。

附件2：项目风险管理计划

包含项目风险识别（风险登记册）和相应的应对措施。

03- 项目变更管理计划

项目名称		预计完成日期	
项目发起人		项目经理	
文档修订日期		版本号	V1.0

变更管理的意义

项目变更管理计划创建的目的是明确如何管理变更的方法、如何定义变更、变更控制委员会的目的和角色，以及整个变更管理过程。所有利益相关者都将按照本变更管理计划提交或请求项目变更，所有请求和提交将遵循该过程。

通过创建变更管理的流程来沟通和处理变更请求，有效地管理项目的变更控制过程。所有提议的变更都将被定义、审查和决定，以便能够适当地实施并与所有利益相关者沟通。该控制还将确保只有在本项目范围内的变更才得到批准和实施，此变更管理计划包括以下三个领域：

- 确保变更在变更范围内，并对项目有利。
- 确定变更将如何实施，以及对变更的要求。
- 在实施变更时，可以有效地管理该变更。

变更管理流程的设计旨在确保所有更改都遵循此控制。通过使用这种控制方法，项目团队将防止不必要的变化发生，并只将其资源集中在项目范围内的有益变化上。其目的是有一个变革过程，不创造新的负担，但提供一种机制来应对不可避免的变化：

- 随着对需求的理解的增加或减少而发生。
- 发生在外部环境中。
- 提供了重大潜在变化的审计跟踪。

变更类型

项目过程中提出的所有变更都需要更新到项目变更登记册，并根据项目沟通计划和对应的项目利益相关方进行及时准时的沟通。此外，当变更被批准时，项目经理必须确保必要时在项目文档中进行对应的更改，并将这些文档更新也传达给项目团队和利益相关者。常见的项目变更包括如下几种类型。

进度	客户或业务提出的变化，将影响已批准的项目进度。这些更改可能需要快速跟踪、崩溃，或根据影响的重要性重新设定时间表。此外，这些变化还会威胁到可交付成果的质量
预算	将影响已批准的项目预算的变更。这些变化可能要求额外的资金，释放不再需要的资金，或增加项目或管理储备。可能需要更改成本基线
范围	必要的、影响项目对已完成可交付成果的范围或添加、删除已交付成果的变更。这些更改可能需要修改WBS、项目范围声明和其他必要的项目文档
需求	需求的变化，这可能是最初未计划的不可预见的需求的结果。所有可能影响预算、计划或范围的需求变更
其他类型的变更	除以下列出的变更，任何其他变更都需要得到批准，并传达给项目的利益相关者

变更登记册

序号	类别	变更内容	提交人	提交日期	请求状态	审核日期	审核决定	下一步
					待审核、已审核		批准、延期或拒绝	

变更委员会

项目变更委员会是处理与项目相关的所有变更请求的审批机构，变更委员会将审查所有的变更请求，确定它们对项目风险、范围、成本和进度的影响，并批准或拒绝每个变更请求。我们可参考下列图表创建项目的变更委员会，同时规范项目变更委员会中不同角色该承担的职责：

姓名	项目角色	变更委员会角色
	项目发起人	变更委员会负责人
	项目经理	变更委员会成员
	项目委员会	变更委员会成员
	项目委员会	变更委员会成员

- 项目委员会：
  - 批准对预算和资金分配的所有变更。
  - 批准对项目计划基线进行的所有更改。
  - 批准在项目范围内发生的任何变更。
- 项目经理：
  - 监控和管理变更控制过程。
  - 解决从团队成员升级的变更控制请求。
  - 将变更控制请求转发给适当的变更控制权限。
  - 管理变更请求的优先级冲突。
  - 确保在所需的时间上解决更改。
  - 定期查看项目管理文档和更改日志。
  - 更新项目管理文档和更改日志。
  - 沟通有关变更请求的决策。
- 项目成员和利益相关者：
  - 接收变更请求，并确定是否继续该过程。
  - 确定受变更影响的区域，并与其他团队成员或受影响方进行协商。
  - 评估其影响，并确定实施变更所需的努力。
  - 通过变更请求表与项目经理沟通对项目质量、成本或进度的潜在影响。
  - 获得适当的变更控制权限。
  - 分配执行变更所需的关键资源。
  - 确保在所需的时间上解决更改。
  - 定期检查更改日志。

变更处理流程

通常项目变更处理流程如下，由项目团队成员或利益相关者向项目经理提交变更请求。项目经理将这些变更请求更新到变更登记册，变更委员会将召开会议，审查所有的变更请求。如果要批准变更请求，大多数变更委员会成员必须投赞成票。如果需要特定变更请求的更多信息，该请求将被推迟并发送回请求者以获得更多信息或澄清。

如果一个变更请求被认为是关键的，则可以召开一个临时的变更委员会会议，以便在下次例行计划的变更委员会的会议之前审查该变更。如果一个变更只涉及细微的变化，对项目需求、范围、成本、进度或风险的影响非常小，项目经理将这些变更需求提交变更委员会后，可能不需要全面批准和审查。

发起变更请求	利益相关者确定了变更的必要性。变更请求者将向项目经理提交一份完整的变更请求表单。项目经理会在变更请求寄存器中记录该更改。项目经理将在整个项目生命周期中记录所有已提交的更改请求
评估变更请求	项目经理将对变更对风险、成本、进度和范围的影响进行初步分析，并寻求团队成员和变更请求者的澄清
向变更委员会提交变更请求	项目经理将变更请求和初步分析提交变更委员会审查，包括分析对项目目标的影响，如进度、范围、成本等。如果需要，变更委员会将决定将变更请求升级到项目委员会
审批/批准变更请求	审批人或变更委员会将讨论拟议的变更，并根据所有提交的信息决定其是否获得批准
实施变更	如果审批人或变更委员会批准了变更，项目经理将在必要时更新和重新编制项目文件。项目团队将按照变更请求中提到的下一步行动计划来执行变更

变更请求的评估

在对新的变更请求进行评估分析时，项目经理需要对变更带来的影响予以考虑，建议可以从如下的方面进行一些思考：

- 横向影响，即对平行开发或在相关项目中开发的产品的影响，以及任何相关的潜在的或商定的变化。
- 对下游阶段的影响，即对后期阶段的影响。
- 上游的影响，即对已经完成的产品的影响。
- 潜在的变化将如何影响对商定的用户要求的一致性，特别是物理、功能和质量要求。
- 如果有，用户方法需要什么变化，例如测试。
- 潜在的变化如何影响当前到位或计划的任何操作程序和用户培训。
- 对企业的用户或客户机的服务水平会有什么影响。
- 技术协调员提出的各种技术方案可能节省或好处是什么。

如果提出变更是为了提高客户的利益，则可以提出以下问题：
- 改进是真的吗？
- 可以量化吗？
- 它能满足一个重要的需求吗？
- 它是否使客户更容易接受整个产品？
- 这是一个微不足道的变化吗？即使对直接客户也几乎没有真正的影响？
- 是否有广泛的改变需求，或者是意见分歧？
- 有些客户会因为这个变化而遭受痛苦吗？如果是这样，对其他客户的好处是否超过这一点？
- 为什么在最初的要求中没有包含这个问题呢？

如果变更是出于业务或技术原因：
- 该变更是否对客户有影响？
- 这对客户的影响有多严重？
- 能否量化其对客户的影响？
- 客户是否能够很容易地"解决"由此产生的问题，还是会引起真正的不满？
- 是有共识还是意见不同？

如果变更有技术影响，请考虑以下事项：
- 潜在的变化将如何影响商定的设计的物理、功能和质量特性。
- 潜在的变化将如何影响本项目当前运行或计划使用的任何设备、机械、计算机系统等的使用或适宜性。

- 对技术质量程序或测试的计划方法会有什么影响。
- 要解决问题或实施变更,将需要什么额外的技术技能、培训或专家建议。

04- 项目沟通计划

项目名称		预计完成日期	
项目发起人		项目经理	
文档修订日期		版本号	V1.0

项目沟通计划的目标

- 通过沟通项目范围、时间、进度、影响,推动项目关键利益相关者、项目成员和受影响组织的意识和利益的一致性。
- 通过沟通,让项目利益相关者更好地参与项目的实施,并推动组织对新产品、新服务、新过程、新的文化变革的期待和兴奋。

项目沟通采用的关键策略

- 定期向项目的关键利益相关者提供清晰、简明和持续的沟通。
- 同时提供项目里程碑的关键进展和项目例行的状态更新。
- 为不同的项目利益相关方提供量身定制的沟通方式和信息,保证项目关键信息的一致性。

项目沟通的媒介和工具

- 项目管理系统信息推送。
- 项目状态更新会议。
- 项目专项事宜讨论。

- 项目问题列表。
- 项目邮件。
- ……

项目沟通计划表

沟通对象	沟通目的	沟通形式	成员列表
项目委员会	• 设定项目战略方向 • 确认、审核项目范围、目标、计划、进度表 • 消除项目成功路上的障碍 • 根据需要调整项目资源（人员、资金等）	项目里程碑会议 每月例行项目委员会会议	
项目团队会议	• 定期回顾项目进度 • 确定项目关键问题和关注点 • 确定下一步跟进事项	每周例行会议	
关键利益相关者	• 定期分享项目状态状态、进展和计划 • 确认项目或组织之间的一致方向 • 管理层需要知道的主要问题、风险和所需的帮助	每周一发布项目状态更新	
项目管理系统信息更新	• 定期更新项目管理系统中的项目状态和进度 • 确保项目资源和PMO的实时对齐	每月更新系统信息	

05-项目责任分配矩阵

项目名称		预计完成日期	
项目发起人		项目经理	
文档修订日期		版本号	V1.0

项目责任分配矩阵

RACI矩阵是项目经理用于定义与项目相关的责任分配矩阵。RACI文档中所列的项目任务可以非常详细，也可以是总结式的。请根据项目需求选择一个详细度，以便为被分配工作的人员提供清晰的信息。

R（Responsible）：负责完成任务工作的人。

A（Accountable）：对可交付成果或任务负最终责任的人。

C（Consulted）：被咨询或征求意见的人，通常是某特定领域专家。

I（Informed）：那些被告知项目情况和进展的人。

注意：每个任务只能由一个人负最终责任（A-Accountable）。

项目任务或交付成果	Project Sponsor/Steering Group 项目发起人或委员会					Project Management Team 项目团队					Key Stakeholders 其他主要相关方				
	姓名1	姓名2	姓名3	姓名4	姓名5	姓名6	姓名7	姓名8	姓名9	姓名10	姓名11	姓名12	姓名13	姓名14	姓名15

06-项目需求跟踪矩阵

项目名称		预计完成日期	
项目发起人		项目经理	
文档修订日期		版本号	V1.0

编号	关联编号	需求描述	业务需要、机会、目的、目标	项目目标	WBS可交付成果	产品设计	产品开发	测试案例
1	1							
	1.1							
	1.2							
	1.2.1							
2	2							
	2.1							
	2.1.1							
3	3							
	3.1							
	3.2							
4	4							
5	5							

07-项目风险登记册

项目名称		预计完成日期	
项目发起人		项目经理	
文档修订日期		版本号	V1.0

项目风险登记册

序号	风险描述	潜在影响	发生概率	影响程度	风险等级	风险应对	负责人	状态

项目风险概率和影响矩阵

我们在项目中也可以通过使用风险概率和影响矩阵进一步评估风险，并针对不同级别的风险采取不同的应对策略。

风险概率	威胁					机会				
0.9	0.05	0.09	0.18	0.36	0.72	0.72	0.36	0.18	0.09	0.05
0.7	0.04	0.07	0.14	0.28	0.56	0.56	0.28	0.14	0.07	0.04
0.5	0.03	0.05	0.10	0.20	0.40	0.40	0.20	0.10	0.05	0.03
0.3	0.02	0.03	0.06	0.12	0.24	0.24	0.12	0.06	0.03	0.02
0.1	0.01	0.01	0.02	0.04	0.08	0.08	0.04	0.02	0.01	0.01
	0.05	0.1	0.2	0.4	0.8	0.8	0.4	0.2	0.1	0.05

风险对目标（即成本、时间、范围或质量）的影响（比例比例）

红色	需要重点关注的高概率和高影响的威胁、机会计数
黄色	应该被跟踪的威胁、机会的黄色统计
绿色	保持关注、监测的威胁、机会

项目风险的概率和影响范围通常也是根据项目的实际情况来定义的，可以参考如下的实例：

概率

	0.9	该事件最有可能发生：90%或更大的概率
	0.7	这个事件很可能会发生：70%~89%的概率
	0.5	该事件有可能发生：50%~69%的概率
	0.3	该事件可能发生：30%~49%的概率
	0.1	该事件不太可能发生：1%~29%的概率

范围影响

威胁	0.8	产品不符合目标，实际无用
	0.4	该产品缺乏多种基本要求
	0.2	该产品缺乏一个主要要求或多个次要要求
	0.1	该产品缺乏一些较小的要求
	0.05	与要求之间的最小偏差

质量影响

威胁	0.8	绩效明显低于目标，而且实际上是无用的
	0.4	性能的主要方面不符合要求
	0.2	至少有一个性能要求存在明显缺陷
	0.1	在性能上有一个轻微的偏差
	0.05	性能偏差最小

进度影响

威胁	0.8	总体进度增长超过20%
	0.4	总体计划增加了10%~20%
	0.2	总体计划增加了5%~10%
	0.1	非关键路径使用了所有的浮动，或者总体计划增加了1%~5%
	0.05	在非关键路径上出现滑移，但浮动仍然存在

成本影响

威胁	0.8	成本增加大于20%
	0.4	成本增加10%~20%
	0.2	成本增加5%~10%
	0.1	需要使用所有应急资金的成本增加
	0.05	成本增加需要使用一些应急资金，但仍有一些应急资金

08-项目问题单

项目名称		预计完成日期	
项目发起人		项目经理	
文档修订日期		版本号	V1.0

问题背景

项目问题相关的背景信息，描述该问题对当前范围、时间和成本基线或项目目标的影响。

选项分析

描述选项和优缺点。

建议和推荐依据

在此提供建议和建议的理由。

RACI 决策矩阵

如果需要，明确问题的决策权。但是，理想情况下，项目决策权在项目早期定义，不需要单独的 RACI。

下一步行动计划

行动	负责人	目标日期

附件

如有需要，请附上证明文件。

09-项目控制检查列表

项目名称		预计完成日期	
项目发起人		项目经理	
文档修订日期		版本号	V1.0

在项目的执行和控制过程中,我们往往需要借助项目控制审查检查表来确保项目控制程序步骤的所有重要项目管理活动都已完成。通常我们可以使用下面的问题来帮助识别项目中的问题。

检查项	结果	是否需要下一步行动
是否与利益相关者商定了具体的审查点		
是否建立了变更管理流程,以确保项目范围、质量、成本和进度之间的平衡		
是否建立了项目跟踪机制		
是否建立了项目跟踪和进度更新程序		
是否已经建立了问题跟踪、解决流程		
这个项目是否记录了实际的努力?在什么级别上(即阶段、步骤或任务)		
是否为整个项目和下一阶段的关键可交付成果制订了质量计划		
是否制订了成本管理计划来估计、监控、预测和报告成本信息		
是否制订了风险管理计划来识别、分析和应对风险		
是否制订并传播了项目传播计划		
下一阶段是否存在任务级别的工作分解结构和成本估算		
是否为计划和预算设定了容忍水平		

10-项目进度报告

项目名称		预计完成日期	
项目发起人		项目经理	
文档修订日期		版本号	V1.0

项目当前进展

对项目关键任务、状态、项目进度等进行描述。

关键任务	状态指标	状态指标

已完成事项或已达成决议

对本期项目主要交付物的总结。

未完成或延迟事项

对本期未能及时完成的交付物或项目事项的总结。

计划事项

对下一期项目主要工作事项的总结。

本期问题与求助

说明本期需要项目委员会或项目相关方需要关注的问题和寻求的帮助。

11-项目会议纪要

项目名称		预计完成日期	
项目发起人		项目经理	
文档修订日期		版本号	V1.0

会议目标

简要说明会议想要达成的目标。

参加人员

对本期项目主要交付物的总结。

会议记录

对会议过程的观点、意见或建议的记录。

会议决定

记录本次会议达成的决定。

会议文档

可附上会议中讨论的关键文档。

会议纪要发放范围

列举会议纪要可发放的人员范围。

12-项目总结报告

项目名称		预计完成日期	
项目发起人		项目经理	
文档修订日期		版本号	V1.0

项目信息

项目名称	
项目发起人/客户	
项目经理	
项目开始日期	
项目承诺日期	
项目启动审查/结束日期	

项目目标

项目预期的期望，可参照项目背景的简要摘要，或者附上最新的项目里程碑文件、项目章程、项目管理计划等。

结论和结果

描述定性和定量的结果——已经交付了什么。

成功标准及结果

成功标准	测量	结果	符合标准
成本			是/否
进度			是/否
质量			是/否
客户满意度	明确的标准或附加评分表	客服满意度评分	是/否

待解决问题/下一步行动计划

说明任何未解决的项目问题或即将进行的下一步。

项目经验总结

在项目总结时候，不妨复盘和分享一下项目中收获的经验，例如"什么有效""什么不有效""你对未来推荐什么"。

总结经验的时候可以邀请项目的核心成员进行讨论和总结，借鉴经典的项目管理中提到的知识领域：风险、成本、进度、范围、采购、人力资源管理、沟通、整合、质量等。同时，充分考虑项目生命周期和采用的方法，以及项目所处的业务领域，确保获得比较全面的信息。

（1）有效或成功的事情

总结出最好的3~5件事，以及你把成功归功于什么。

（2）无效或不顺利的事情

总结一下3~5件不顺利的事情，以及你把问题归咎于什么。

（3）对未来服务或工作的建议

总结1~2个改进服务或工作的建议，对未来的项目有帮助。